La Magia de Internet Para Multiplicar Tus Ingresos

Por: Pablo Delgadillo

Todos los contenidos de este libro son propiedad del autor.

El autor es el único con la autoridad para publicar y distribuir el contenido de este libro.

Queda estrictamente prohibido distribuir, vender o regalar copias de este libro sin la autorización previa del autor.

Si la información contenida en este documento, es distribuida sin autorización previa, se tomará plena acción legal.

Exención de Responsabilidad

La información contenida en este documento representa la opinión de autor de cómo puedes crear un negocio con internet.

Sin embargo, no representa ninguna instrucción legal ni tampoco ninguna garantía de que se puedan obtener resultados, ya que en gran parte los métodos y estrategias dependen de las acciones del lector.

En ningún caso el Autor será responsable de daños personales o legales en los que pudiera incurrir el lector.

Aunque se ha hecho un gran esfuerzo por verificar la validez de la información contenida en este libro, los métodos, las estrategias y la información en general puede variar con el tiempo.

Se sugiere al lector verificar la validez de los métodos y la legislación local en cada país.

Prólogo

Libros, libros, libros...

Por la naturaleza de mi trabajo, dedico muchas horas de mi horario a leer los libros que me piden para darles mi opinión.

Casi todos, por supuesto me los envían quienes han asistido a mis seminarios, y cursos, ya que los incito a escribir para promover sus negocios, productos y, por ende, incrementar sus ventas.

No en todos los casos llegan a despertar mi interés, aunque sé lo que se esfuerzan.

Sin embargo, este libro me atornilló literalmente al sillón, por el gran énfasis puesto en cada palabra, su enfoque, lo que alcanza a transmitir con sus definiciones y su capacidad de llevarlas a la acción.

Se trata de un Pablo Delgadillo que, entre otros cursos, participó en "Los Maestros de Internet"; es un joven muy inteligente y, sobre todo, con una capacidad impresionante de pasar a la acción y hacerlo saltar a uno, con el impulso de seguirlo, pues su espíritu es contagioso.

En una charla que tuvimos le puse un apodo que le agradó mucho y agradeció: «Pablo "El Caza –Talentos" Delgadillo».

Porque eso es para mí, y eso será para quien se aferre literalmente a sus criterios, tal como los explica en este maravilloso libro que recomiendo ampliamente.

¡Mis mejores deseos de éxitos!

Un abrazo, Álvaro Mendoza

Agradecimientos

Agradezco enormemente a Dios y a la vida que me haya brindado el don de transmitir un mensaje de inspiración a través de mis palabras.

A mi bella esposa que siempre ha estado conmigo apoyando todas mis locuras, por darme su amor y comprensión.

A mis padres por forjar en mí la mentalidad de superación, por sus consejos y apoyo en todo momento.

A mis mentores que me han inspirado para salir de mi zona de confort y lograr grandes cosas en la vida.

A todos los que también no han creído en mí porque esa fuerza negativa me ha obligado a dar lo mejor siempre y demostrar todo lo contrario.

Este libro es un agradecimiento mismo a la magia de internet, que me ha dado la posibilidad de conectar con gente de toda Latinoamérica con mentalidad de triunfo y con ganas de salir adelante.

Es un agradecimiento especial a todos mis suscriptores, amigos y clientes que me han seguido todos estos años en el camino del emprendimiento por internet.

Deseo realmente que tus sueños se hagan realidad y que actives en tu vida la magia de internet.

Pablo Delgadillo

Índice

Contenido De La Magia de Internet

Prólogo _____ *4*

Agradecimientos _____ *5*

Índice _____ *6*

Capítulo 1. La Magia de Internet Para Multiplicar Tus Ingresos _____ *7*

Capítulo 2. Marketing Conspiracional Para Darle Poder A Tu Bolsillo _____ *18*

Capítulo 3. La Mejor Tecnología Para Vender Por Internet _____ *37*

Capítulo 4. El Modelo de Negocios del Caza Talentos _____ *54*

Capítulo 5. Posiciónate Como Un Tigre En Tu Nicho de Mercado _____ *72*

Capítulo 6: Transformando Tu Conocimiento En Dinero _____ *90*

Capítulo 7. Como Generar Ganancias Con La Palabra Escrita _____ *113*

Sobre El Autor _____ *133*

Capítulo 1. La Magia de Internet Para Multiplicar Tus Ingresos

¡Hola!

Bienvenido a La Magia de Internet Para Multiplicar Tus Ingresos.

Mi nombre es Pablo Delgadillo y me da un grato placer que estés leyendo este libro que he preparado con mucho cariño para ti.

La Magia de Internet es un libro que va a ser una fuente de inspiración y conocimiento en tu camino de hacer algo importante con tu vida utilizando esta poderosa tecnología a tu favor.

Este libro nace con la idea de ayudar a más emprendedores y empresarios a entender la importancia que tiene el internet en nuestros tiempos como un medio para generar riqueza.

El Mago Borjini, cerrando el evento de Los Maestros de Internet en Tampa, Florida, cito las siguientes palabras cautivando a los asistentes con su espectacular magia:

"Alguien sabio hablo una vez de la Magia de Internet, a donde llegaría aquel invento y cuanto progreso traería a nuestras vidas.

No nos equivocamos y llamamos magos a quienes introdujeron esta poderosa red de comunicación.

Magia e Internet, 2 conceptos con muchísimo en común ya que con ambos se pueden conseguir retos inimaginables.

Seguro que a ti te ha pasado, habrás tenido muchas dudas y todas las ideas que tenías en la cabeza sabías que podían hacer algo realmente bueno.

Pero por miedo, inseguridad o desconocimiento las dejaste apartadas.

Siempre creíste que esos pensamientos te cambiarían la vida, que te harían ser exitoso, pero no sabías como.

Un día conociste a un experto que te hizo ver la Magia de Internet.

Gracias a este mágico recurso, estas ideas se transformaron en tu mejor jugada en la vida.

Cuando aprendes de los mejores todas esas ideas mezcladas y confusas, con un chasquido se ordenan como siempre quisiste.

Porque ni el éxito ni la inspiración vienen solos a ti, la clave es aprender a buscarlos, el resto puedes dejárselo a la magia de internet".

Luego de este evento, me propuse crear un libro práctico que englobará todas las estrategias que me han funcionado en los negocios por internet con la idea de ayudar a más emprendedores y empresarios a entender la importancia que tiene el internet en nuestros tiempos como un medio para generar riqueza.

Son ya más de 6 años de experiencia, que, a través de la fe, la pasión y la perseverancia es que he conseguido logros importantes y la oportunidad de dar conferencias a nivel internacional.

Transmitir un mensaje de abundancia, sin duda es algo que me apasiona, sembrar una semilla de esperanza y oportunidad en este mundo tan acelerado y sobre-cargado de información.

Para combatir esta sobre-carga de información te presentó este libro con contenido 100% aplicable a tu emprendimiento en particular.

Si no tienes una idea o modelo de negocio como arrancar, no te preocupes a lo largo del libro te voy a dar ideas prácticas para que adoptes el propio y te pongas en acción inmediatamente.

La acción es lo que te va ayudar a generar ganancias lo más rápido posible.

Sin duda este libro debe ser una guía que va inspirar a más generaciones para saber cómo iniciar a emprender con el internet.

Esta guía también te puede ayudar a librar obstáculos y retos que se enfrenten en tu camino.

Sin piedras en el camino no hay verdadero aprendizaje.

Pero puedes aprender y ganar más rápido si te rodeas de las personas correctas que tengan la mentalidad, estrategia y resultados adecuados.

Sé que tu un emprendedor decidido va hacer lo que sea necesario para librar todas las barreras posibles y acortar la curva de aprendizaje.

Si eres empresario este libro te va a dar la visión para saber cómo potencializar tus ganancias.

Para **Dominar la Magia de internet** tienes que tener la mentalidad correcta y posteriormente capacitarte.

Creer en tu interior que si es posible generar riqueza con este medio.

La capacitación adecuada y la acción son la punta del iceberg que van a marcar la diferencia para que puedas cosechar resultados importantes para tu economía.

No te desenfoques y pierdas el rumbo con los "objetos brillantes" que puedes encontrar en internet.

De esas oportunidades que te prometen hacerte rico de la noche a la mañana huye inmediatamente.

Lo que sí es posible es que generes verdadera riqueza con pasión, acción y perseverancia siguiendo una estrategia para tu emprendimiento, de ahí la importancia del enfoque láser.

De nada te va a servir pasar de oportunidad en oportunidad, si no aplicas lo que aprendes rápidamente.

Te propongo un desafío personal.

Lee este libro en 72 horas de corrido, aplica en la primera semana al menos 2 estrategias que hacen sentido para tu emprendimiento y mándame por email a pablo@delgadillo.com.mx los resultados alcanzados.

Si haces esta actividad en el tiempo indicado me comprometo contigo a darte mi retroalimentación por correo electrónico para ayudarte a que avances más rápido.

Ese es mi compromiso personal contigo, la pregunta es:

¿Cuál es el compromiso contigo mismo?

¿Cuál es tu porqué que te mueve en la vida?

La siguiente recomendación es que luego de leer el libro entero en las primeras 72 horas, vuelvas a re-leer capítulo a capítulo y no avances al siguiente hasta antes no haber implementado por lo menos 2 estrategias.

Puedes hacer este proceso en 7 semanas ya que el libro consta de 7 capítulos.

De esta forma vas a sacarle el máximo provecho a tu inversión y obtener mejores resultados.

La vida es única, tienes que tener sueños y metas.

Si crees que lo puedes lograr y pones toda tu pasión en tu negocio, el cielo es el límite.

Tienes que creer ciegamente en tus sueños y saber a dónde quieres llegar con este conocimiento.

El internet es un medio mágico que te va ayudar a lograrlo.

No será de la noche a la mañana, pero si será una realidad para ti.

Imagina como este recurso será como una brisa de aire fresco para tu mente con ideas lucrativas cada vez que lo leas.

Imagina esas ganancias atractivas fluyendo hacia ti, viviendo el estilo de vida que tanto has soñado obtener.

Te invito a que este libro lo recomiendes para que este buen vibrar y energía siga fluyendo continuamente.

Recuerda el éxito puede estar más cerca de lo que realmente piensas, simplemente continua hacia adelante y abre tu mente a **La Magia de Internet.**

El Secreto Para Crear Verdadero Dinero Por Internet

Te voy a compartir estrategias que te van ayudar a crear verdadero dinero en línea.

Información práctica, precisa y redactada en un lenguaje agradable.

¿Te interesa ganar más dinero hoy mismo?

Si es así, entonces sígueme...

¿Quieres conocer el secreto escondido detrás de un negocio en línea?

La respuesta es sencilla, pero poderosa.

Antes de darte la respuesta, voy hacer una analogía para que se fije en tu mente.

Una de las leyes de la atracción menciona:

"Primero da y luego recibirás"

Para recibir lo que quieres, tienes que dar algo cambio.

Si en tu caso lo que quieres recibir es dinero, tienes que dar valor.

Y si tienes en mente todo el tiempo, que para crear verdadero dinero en línea tienes que aportar valor, tendrás un éxito asegurado.

Pero, ¿cómo puedo dar valor?

Lo primero que debes definir es el objetivo principal de tu negocio:

Por ejemplo: "Dar información de gran valor para que las personas adelgacen de forma natural y recibir por ello ingresos de $1000, $5000 o $10,000 dólares mensuales".

Si le resuelves un problema a la gente, puede ser de salud, amor o dinero ella te dará con todo gusto lo que le pidas.

Y ¿Por qué recalco tanto la palabra valor?

Porque si comprendes que entre mayor información le das a tus visitantes mayores ingresos vas a recibir.

Lo mismo aplica con la construcción de una lista de suscriptores, es posible que generes más dinero de una lista pequeña pero altamente responsiva, a una gran lista, pero que escasamente el 5% de esas personas abre los correos que envías.

¿Cómo puedes crear una lista fanática de seguidores que compre tus productos o servicios?

Dando mucho contenido gratuito en forma de reportes, audios, videos, tele seminarios en vivo, consultorías gratuitas de vez en cuando.

A medida que aportes valor, tu lista de visitantes y seguidores estará ansiosa de recibir tus correos, probablemente tu porcentaje de apertura de correos mejorará notablemente y tú serás como un pequeño "Rock Star" entre tus seguidores.

No tengas miedo de dar los tips más avanzados que conozcas, eso será bastante valorado por la gente que te sigue y en el momento que lances tu producto, vas a tener muchos correos de venta.

Imagínate un día recibiendo 10,15 correos de venta que digan:

"Felicidades has generado una venta"

¡Qué emoción! ¿No crees?

Es posible que logres eso y más si aportas valor.

Estos son algunas estrategias que tanto yo como mis clientes aplicamos para generar muchas ventas de nuestras listas de suscriptores.

- Enfócate en aportar el contenido en la versión que más te resulte o para la que eres más bueno, el público lo notara. Si eres bueno para escribir entonces crea artículos, si tienes buena voz puedes realizar audios o si tienes buena apariencia crea contenidos en videos.
- Haz una encuesta y pregunta a tu lista, ¿Qué tan seguido le gustaría recibir correos tuyos?, ¿Qué tipo de información le gustaría recibir?
- Dedica tiempo a leer libros o cursos relacionados a tu negocio, esto te dará la creatividad suficiente para crear nuevo contenido.
- Con 30 minutos mínimos de lectura al día, al paso de un año serás una persona con un alto grado de experticia sobre un tema.
- Sé original y sincero. Escribe con el corazón, apasiónate por lo que haces.
- Te recomiendo que tomes acción hoy, comienza a dar valor para recibir dinero.

Contenido y Marketing Por Internet

Estas 2 actividades, **contenido y marketing** son las que te dan el mayor retorno de inversión y un gran potencial de ingresos. Son la base sobre la que debes enfocar tus esfuerzos diarios.

Muchas veces pasa que en todo el día realizas un gran número de actividades que al final de cuentas no repercuten en tu cuenta bancaria.

Por ejemplo: navegar buscando información, leer emails, suscribirse a decenas de boletines electrónicos, instalar la última versión de cada uno de los software, incluso perder demasiado tiempo en las redes sociales de moda.

¿Qué debo hacer para MAXIMIZAR los resultados de mis negocios en línea?

Si bien es cierto que no hay nada de malo en realizar estas actividades, es importante destacar que si en verdad quieres Maximizar Tus Ganancias en los negocios en línea debes enfocarte al menos un 70% del tiempo en crear contenido y diseñar piezas de marketing.

Al decir contenido me refiero a: videos, audios y artículos que aporten valor a tu lista de suscriptores.

¿Cuál es la función del contenido?

El contenido sirve para crear relaciones de confianza, credibilidad y simpatía con un público meta determinado.

Incluso hay un término relativamente nuevo en cuanto al marketing de contenido que dice:

"Es un término que implica la creación de contenido para el propósito de enganchar a los potenciales consumidores.

Es la capacidad de entregar contenido de gran calidad, pertinente, útil y valiosa con la perspectiva de tomar acciones específicas e influir en las decisiones de compra".

Te das cuenta de la importancia del contenido y lo que esto puede significar para tu negocio y tu vida.

¿Qué ocurre al tener contenido que sea pertinente, útil y valioso a la vez?

A mayor contenido pertinente, útil y valioso que crees, mayor dinero vas a tener. Como te comentaba primero *tienes que dar y luego recibir.*

Con respecto a las piezas de marketing, estos son los componentes que van atraer las ventas a tu negocio.

Por ejemplo: cartas de venta, páginas de aterrizaje, diseño de campañas de marketing para lanzamientos, secuencia de emails persuasivos, etc.

Esta parte del marketing será la encargada de influir decisivamente en la compra de tus productos o servicios en línea.

Diseñar piezas de marketing también implica estar "testeando" o analizando continuamente tus estadísticas para mejorar tus resultados.

Una frase muy popular menciona lo siguiente: *"Lo que no se puede medir no se puede mejorar"*

Así funciona el marketing, si analizas cada uno de los componentes como, por ejemplo: cuántas ventas lograste hoy, que porcentaje de conversión lograste con x titular, cuánta apertura de correos tuvo determinado email, cuántas personas dejaron sus datos en tu página de captura.

Si monitoreas estos datos y te preocupas por optimizarlos, es decir, lograr ligeras mejoras para cada uno de los elementos antes mencionados, tus ingresos serán exponenciales.

Ok, basta de tanta lectura, ahora viene el plato fuerte...

Parte práctica.

Esto es lo que tienes que hacer desde ya.

1) Realiza un horario de trabajo en el que destines las primeras 2 horas del día para crear contenido. Sé disciplinado, por nada del mundo realices otra actividad, recuerda que el contenido te va producir el mayor retorno de inversión.

2) Te recomiendo que descargues el siguiente software gratuito: http://www.focusboosterapp.com/

Es un cronómetro alarma que lo puedes programar para trabajar en tus primeras 2 horas del día en 4 pequeñas sesiones. Ejemplo:

- 25 minutos de enfoque en contenido y 5 minutos de descanso
- 25 minutos de enfoque en contenido y 5 minutos de descanso
- 25 minutos de enfoque en contenido y 5 minutos de descanso
- 25 minutos de enfoque en contenido y 5 minutos de descaso.

Si te das cuenta estos 4 bloques de tiempo suman 2 horas, realiza la actividad de enfoque en contenido en las primeras 2 horas al día, si sigues al pie de la letra esta estrategia de programación de tiempo notarás que eres más productivo y tus ideas van a estar ordenadas.

3) Planea una noche anterior las actividades que vas a realizar, esto te va permitir saber que actividades de contenido y marketing vas a realizar el siguiente día.

4) Es recomendable que diseñes y ejecutes tus piezas de marketing después de realizar las actividades de creación de contenido, porque te vas a basar en el contenido para crear el marketing. De preferencia dedica unos 15 minutos al día a monitorear tus estadísticas para darte cuenta en que aspectos debes mejorar.

Te aseguro que si sigues estos pasos tu negocio en línea va ir prosperando gradualmente. Sé consistente y vas obtener buenos resultados.

Capítulo 2. Marketing Conspiracional Para Darle Poder A Tu Bolsillo

Te ha pasado que a veces, se hace realidad la frase:

"El universo conspira para lograr aquello que deseas"

El Marketing Conspiracional es lograr que el público conspire a tu favor para generar ventas y posicionamiento como experto en tu nicho de mercado.

Recientemente hice un Hangout (Seminario Virtual en Youtube) donde compartí con mis suscriptores:

- **Como El Universo conspiro** a mi favor recientemente para que me dieran el trámite de mi VISA y lograr asistir a un evento de MARKETING muy importante.
- Como empecé a posicionarme **como experto en el nicho de mercado** de los negocios en internet.
- Mi Primer MENTOR por Internet.
- Como Conocí a Carlos Juez, Uno de los Mejores Publi-Redactores que conozco en el mercado hispano y como creamos lanzamientos importantes en esta industria.
- Como nació el **Mastermind de Abundancia.**
- **Y mucho más.**

A continuación, te voy a compartir el Seminario Virtual que realice junto a mi amigo y Consultor de Blogs Para Negocios Locales Luis Villegas.

Seminario Virtual

Pablo: Estamos aquí en el show en vivo de Info-marketing.

Tenemos a un invitado muy especial que es mi amigo y también colega, Luis Villegas del **mastermind de abundancia.**

Ahora vamos a ver un tema muy importante que es el **Marketing Conspiracional.**

Cuando realmente el universo conspira a tu favor para logar exactamente todo lo que deseas en la vida y sobre todo en el marketing.

Este es un tema que muy pocas veces se toca, es la parte espiritual del marketing.

¿Cómo puedes hacer que tus videos, transmisiones en vivo, blog, que cada una de las piezas de marketing conspiren a tu favor para provocar un resultado positivo en tu negocio, ya sea en ventas o posicionamiento como experto en tu nicho de mercado?

Quiero empezar presentando a nuestro invitado especial que nos va a compartir parte de su historia personal como consultor de blogs para negocios locales.

Él es mi amigo Luis Villegas y más adelante va estar compartiendo sus experiencias en este impresionante mundo del marketing.

Pablo: Hola Luis que tal ¿Cómo estás?

Luis: Hola Pablo que tal. Muchas gracias. Un saludo a todas las personas y suscriptores que nos están escuchando en este momento. Muchas gracias por la invitación y pues esperemos que sea de su agrado todo lo que vamos a platicar el día de hoy.

P: Excelente. Muchas gracias Luis. Bienvenido. Más al ratito nos compartirás a lo que te estás dedicando actualmente y algunas cosas interesantes que estás haciendo con tus clientes.

¿Porque le puse el día de hoy el Marketing Conspiracional?

¿Cómo hacer que todo el marketing dentro y fuera de internet conspire a favor de mi negocio para producir mayores ingresos, prestigio y posicionamiento de marca?

Todo empieza realmente con la cuestión de la mentalidad.

Si tú tienes una mentalidad poderosa, si le imprimes tu toque personal a tu negocio, tu esencia, pasión, vas a lograr resultados importantes.

Algo que me acaba de suceder hace algunos días en el consulado americano para que me otorgaran finalmente mi visa, fue una sincronía de la vida.

De hecho, fue mi segundo intento porque tenía que asistir a un evento de marketing hispano muy importante dentro de semanas.

Te cuento que me aprobaron finalmente la VISA.

El "pequeño" detalle es que me iba llegar a mi casa dentro de 4 semanas y el evento de marketing justo era dentro de 2 semanas.

Ese día, tome acción, mande un correo electrónico al consulado para solicitar una prórroga y como no recibí respuesta, regrese a Puerto Vallarta.

En medio del viaje, cuando ya iba de regreso a Puerto Vallarta checo mi correo electrónico a través del celular y veo que tengo un correo por parte del consulado donde decía que tenía que regresar inmediatamente. (El consulado ese día lo cerraban a la 1:30pm)

Tan pronto vi el correo, le dije al chofer del autobús que me bajara en la parada más próxima pues tenía una emergencia y me dijo que me podía bajar dentro de 20 minutos en la siguiente caseta.

Llegado los 20 minutos me baje en la caseta, sin embargo, en esta no pasaban camiones regularmente que te pudieran llevar a Guadalajara, lugar donde está el consulado americano.

Pedí un taxi, pero iba a tardar 30 minutos en llegar.

Imagínate, tenía que estar en menos de hora y media en el consulado y aproximadamente estaba a hora y media de distancia para llegar al consulado, si esperaba el taxi no iba a alcanzar a llegar a la hora acordada.

Entonces me arme de valor para pedir un aventón, a los 2 minutos paso una persona, que en ese momento yo no sabía quién era.

Mis padres son médicos y curiosamente esta persona era doctor y resulto ser conocido de mis padres.

En ese momento le pedí un aventón para que me llevara a Guadalajara y poder llegar a tiempo al consulado.

Finalmente llegué a tiempo, me dieron la VISA y pude asistir a este evento de marketing en los Estados Unidos.

P: ¿Qué te parece Luis esta historia?

L: Excelente. No cabe duda que cuando uno pone empeño y dedicación las cosas se empiezan a dar por si solas. Dios nos va trazando el camino que debemos seguir.

Obstáculos en la vida siempre habrá, no importa las dificultades, lo importante es tener la mentalidad de ganador y buscar siempre la solución, porque solución siempre hay.

Así que no hay que ahogarnos en un vaso de agua, hay que ir por todo y pues felicidades por tu VISA para que nos compartas las experiencias aprendidas en ese evento de marketing.

P: Muchísimas gracias Luis. Yo creo que ya era mi momento para que me la otorgaran.

¿te parece si hablo un poquito más sobre como empecé a apalancarme en esto de los negocios por internet y de ahí nos cuentas tu historia personal?

L: Me parece bien. Adelante.

P: Mi nombre es Pablo Delgadillo, me dedico a lo que son los negocios por internet, ya tengo 5 años dedicándome a esto y siempre aprendiendo algo nuevo para compartirte toda mi experiencia.

¿Cómo comenzó mi historia en esto de los negocios por internet?

Realmente no estaba buscando absolutamente nada de esto, yo me encontraba representando a mi municipio estatalmente y a mi estado nacionalmente en competencias deportivas, en este caso atletismo.

Curiosamente asistí a un centro comercial, en las sincronías de la vida me llevo por un libro llamado:

¿Por qué ese idiota es rico y yo no? Del autor Robert Shemin.

Realmente me abrió muchísimo la **mentalidad.**

En ese momento ya empezaba a buscar algo para desarrollar mi carrera profesional porque ya estaba en mis últimos años de carrera de atletismo y estaba buscando algo más para poder dedicarme y generar ingresos.

Lo que me abrió mucho la mente de este libro de ¿Por qué ese idiota es rico y yo no? **Es ver las oportunidades.**

La única forma para poder ser próspero en la vida es tener tu propio negocio y no basarte en las calificaciones, en las etiquetas de la vida, si no en poner tu mentalidad de cabeza y empezar a tomar acción.

Para hacer la historia un poco más corta, lo que yo empecé a hacer fue buscar entre montañas de información, empecé a buscar en anuncios en google más información que me enseñara como poner un negocio en internet.

Yo creo que a todos nos pasa exactamente lo mismo, ver artículos, videos, todo tipo de programas gratuitos y en un momento en el que nos sentimos perdidos y ahogados en tanta información.

Así que lo que empecé a realizar fue invertir en personas que realmente estaban obteniendo resultados.

Algo curioso que también le quiero agradecer a mi hermano Níger Delgadillo, es que me paso un link de un curso para comprar, me dijo mira esta persona es bastante interesante, se ve que sabe lo que dice y yo al ver la grabación del tele seminario en vivo tome la decisión de adquirir este curso con valor a $247usd.

Prácticamente una parte muy importante de mis ahorros se fue en la inversión de este curso, pero valió la pena porque me abrió el camino en los negocios por internet.

¡Gracias Richard Osterude por ser mi primer MENTOR!

Contigo aprendí la estructura técnica para arrancar un negocio en línea.

Después empecé a generar mis primeros ingresos como afiliado y en diferentes nichos de mercado, como el nicho de la salud mental, también el nicho de marketing y el del mal aliento.

En este curso de Richard Osterude, conocí a uno de mis primeros socios con el cual cree un curso que dio mucho de qué hablar hace aproximadamente 3 años, el curso llamado "Los 7 tesoros" y ahí fue donde contratamos a un consultor de marketing para que nos mejorara y optimizara la carta de ventas.

Ese consultor es mi ahora amigo CARLOS JUEZ, el que nos dio unos tips y algunos consejos para mejorar y optimizar la carta de ventas y gracias a que contratamos sus servicios surgió una bonita amistad.

De paso colabore con Carlos Juez en el curso:

"Licencia Para Imprimir Dinero", un curso que te recomiendo en cuanto a la escritura y publiredacción de cartas de ventas.

Este es el link del curso: http://licenciaparaimprimirdinero.com

De ahí empezamos a hacer muchos más proyectos, nació la idea junto con otros socios de crear "Negocio a la carta", en la cual hicimos algo muy interesante en el mercado hispano, más de 1500 ventas en algunos días.

Para resumir un poquito, no me quiero extender bastante con mi historia, pero si quiero comentar **la importancia de invertir en cursos, tomar acción y tener la mentalidad de seguir haciendo cosas.**

¿Qué te parece Luis? Creo que nunca te había compartido esta historia

L: Todos tenemos un inicio y pues todo es aprendizaje. Vamos aprendiendo, puliendo, perfeccionando y llegamos a un punto en el que vamos adquiriendo más seguridad, más confianza en nosotros mismos.

Al principio querer comernos todo el mundo y querer tener resultados de inmediato.

Pero yo creo que hay que ir con calma, paso a pasito y pues llega el momento en el que logramos ganar esa seguridad y podemos transmitirla a los demás, así como el conocimiento que vamos adquiriendo.

Ya podemos decir, ya aprendí a hacer esto, ya recorrí el camino, ahora ya puedo guiarte.

Y todos empezamos desde ese punto, aprendiendo. Y pues la mejor manera de obtener ese aprendizaje y seguir avanzando es compartiendo.

P: Así es. Luis cuéntanos un poco más acerca de ti y tu trayectoria en los negocios en línea.

Voy a presentarte para que las personas conozcan más acerca de tu trayectoria.

Luis Villegas es mi socio en algunos proyectos, "Monetiza tu conocimiento en línea" un curso que recientemente lanzamos aquí al mercado hispano.

Luis Villegas se dedica a la consultoría de blogs, gestión de blogs y todo lo relacionado a los circuitos de marketing. Es alguien que ampliamente te recomiendo si tú quieres tener tu propio blog, tu propia presencia y branding personal.

Y pues ya tenemos algunos meses que estamos juntos en este mastermind de abundancia donde compartimos retos, estrategias y todas las cosas que nos ayuden a mejorar nuestros negocios por internet.

¿Qué tal Luis? Ahora si ya que te presente cuéntanos más de tu historia personal.

L: Gracias Pablo. Pues mira, yo inicie esto de los negocios por internet a finales del 2009.

Yo soy de profesión psicólogo, estuve trabajando bastante tiempo como terapista visual, trabajé con niños que tienen problemas de aprendizaje relacionados con la visión y pues ahí en mis ratos libres yo me sentaba en la computadora.

De repente pues así navegando, como tú dices, nos encontramos con un anuncio que decía genera un ingreso extra desde tu casa, puedes trabajar sin jefe, sin horario, cosas que te llaman la atención.

Cuando eres empleado tú dices pues ojalá yo pudiera tener mi propio negocio, ser mi propio jefe, decidir cuándo irme de vacaciones y todo eso.

A primera vista se ve muy bonito, se ve muy bien, pero cuando no tienes la mentalidad correcta, cuando no estás preparado para el mundo de los negocios, te estampas contra la pared, te das cuenta que la curva de aprendizaje es un poco más larga cuando estas un poco verde y cuando tu única fuente de ingresos tu única manera de ganar dinero es vender tu tiempo como empleado.

Me paso a mí, yo llevo esa cultura de que uno tiene que estudiar, tiene que terminar la escuela, tiene que buscar un empleo y todo eso.

Pero yo quise romper con ese paradigma de decir quiero algo diferente para mi vida, no quiero vivir una vida promedio, yo quiero algo más.

Y debo confesarte que el camino no ha sido fácil, cuando decides ser emprendedor tienes que arremangarte las mangas para ir a buscar tu propio ingreso.

Pero es muy satisfactorio el saber que puedes controlar tú tiempo, tus actividades, tú eres el que puede decidir hasta dónde quieres llegar, ahora sí que el límite es el cielo.

Por eso es que yo decidí ser emprendedor, tú puedes ser un emprendedor, esta decisión implica también una gran responsabilidad.

La mejor manera en la cual empecé a avanzar fue cuando tuve que comprar unos cursos que me enseñaron el paso a paso, aspectos técnicos, aspectos de mentalidad y me fui envolviendo leyendo libros y asistiendo a muchas conferencias en vivo a través de internet.

Casi diario entraba a una conferencia, iba siguiendo el camino de las personas que ya estaban teniendo éxito en internet, y me da mucho gusto el saber que cada día hay más personas que están incursionando en estos negocios y entre más seamos mucho mejor, me gusta mucho que aquí no hay competencia entre nosotros, es un ganar-ganar, nos vemos en vez de competencia como colegas, nos inspiramos unos a otros y vamos aprendiendo en conjunto.

Claro ejemplo, prácticamente tu y yo nos dedicamos a lo mismo, estamos haciendo negocios por internet, tenemos productos similares, tenemos también productos que hemos hecho en colaboración y pues sabemos que hay abundancia para todos en este mundo, el internet te permite romper fronteras y estar en cualquier parte del mundo y extender todas tus posibilidades.

Estamos en un ganar-ganar y pues eso es lo que te quisiera compartir en cuanto a mi decisión de querer ser emprendedor.

P: Excelente Luis. Es una gran historia, sobre todo que hay mucha gente en distintas situaciones, puede ser una persona que recién está escuchando esto de los negocios por internet, personas que lleven tiempo, profesionales independientes que ya estén generando ingresos con su profesión, un médico, autor, abogado, o personas que tengan un negocio propio.

Así que Luis, ¿cuál es tu recomendación para seguir adelante en este fascinante medio, para esa persona que ya tiene un poquito de tiempo, que ya está investigando, que está buscando cursos, que ya está en este mundo del emprendimiento pero que aún no haya su plan estratégico para empezar a tener resultados de los negocios por internet?

L: Dos consejos. Número 1. **Perseverancia**, si te caes 7 veces levántate 8. Número 2. **Acción inmediata**, lo que estas aprendiendo aplícalo rápido en tu vida, no lo guardes porque si lo guardas para mañana se te va a olvidar. Lo que hoy es una prioridad para mañana se te va a hacer algo secundario y esa cosa que hoy es prioridad puede cambiar tu vida.

Haz lo que tienes que hacer el día de hoy no lo dejes para mañana, por supuesto que no puedes construir un negocio de la noche a la mañana todo es paso a pasito, ahí si la recomendación es que tienes que tener una estrategia, un plan de trabajo día a día. Eso sería Pablo, **perseverancia y acción inmediata.**

P: Excelente. Yo creo que ese es el camino correcto y sobre todo con tus piezas de marketing, tu proyecto, tus estrategias, vas a conspirar en la medida que empieces a tomar acción.

En tus palabras, ¿Qué opinas de la capacitación y la acción?

L: En este mundo de los negocios por internet, la actualización es muy rápida, si en los negocios tradicionales todo cambia, aquí en los negocios por internet lo que te sirve hoy mañana prácticamente ya no te sirve.

Estamos en mundo de constante cambio, siempre estamos cambiando, y si no nos adaptamos a los cambios que están surgiendo en los negocios o en la vida misma, prácticamente nos quedamos rezagados o estancados y pues no vamos a poder progresar.

Tenemos que estar en capacitación constante, tenemos que estar en crecimiento constante, no importa tu edad, tu profesión, tu nacionalidad, tú tienes el potencial para poder progresar, y para poder tomar las decisiones correctas en tu vida, para llegar a la cima del éxito. Eso es todo.

P: Luis cuéntanos un poco de cómo empezaste con los blogs y que tan importante es el día te hoy tener tu blog por internet para empezar a posicionarte y empezar a tener ganancias.

L: Cuando yo decidí hacer mi primer blog, la verdad me las vi negras, el aspecto técnico me estaba comiendo, no sabía cómo empezar, no sabía qué hacer, y pues no hubo mejor manera de desarrollarlo que comprando un curso de alguien que me enseñara paso a paso como hacer un blog. Y fue exactamente lo que hice.

Al principio, como todos, no sabía absolutamente nada, es más, me acuerdo que yo no sabía ni lo que era dominio, ni hosting ni FTP.

P: Yo también llegué a echar a perder sitios completos, borrar la carpeta de algunos de mis cursos de paga, imagínate como me sentí, como es que pasan ese tipo de cosas.

L: Echando a perder se aprende, yo también eché muchas cosas a perder al inicio, pero pues fue cuestión de perseverancia, de las ganas de querer seguir aprendiendo, y después de cometer algunos errores fui perfeccionando.

Fíjate que nunca llegue a pensar que yo iba llegar a poder a crear un curso y que iba poder comercializar en internet, un curso precisamente de cómo hacer mi blog, y que yo iba a estar explicando que es un hosting, que es un dominio, que es un FTP.

La verdad que era más que nada el miedo a lo desconocido al hacer algo diferente, pero ahora sí que el miedo es como un monstruo de cartón grandísimo, pero lo puedes derribar con un poco de viento y es fácil, es cuestión de tomar acción y enfocarte.

Fue lo que yo hice, hice mi primer blog con ese curso, después empecé a moverle y ya pude hacer un video curso de cómo hacer mi blog. Y más adelante tome la decisión de no solamente hacer blogs para emprendedores por internet, ya con el conocimiento sé que puedo ayudar a empresas locales de mi ciudad.

Te confieso que al principio lo intente por primera vez y eso de andar buscando clientes y que te rechazan me hizo abandonar un tiempo.

Luego de un tiempo surgió nuevamente la idea y me dije a mi mismo, cuésteme lo que me cueste voy a conseguir mi primer cliente para marketing local aquí en mi ciudad.

Y créeme que tengo el registro de alrededor de 80 llamadas que hice para poder conseguir un primer cliente y me acordaba mucho de la película en busca de la felicidad de Will Smith, cuando estaba con el teléfono haciendo llamadas y ni siquiera descansaba.

Pasaba por mi cabeza, tengo que ser perseverante, tengo que conseguir a mi primer cliente y ahí estaba yo, me decían no, muchas gracias y rápidamente hablaba al siguiente.

Te lo prometo que fueron poco más de 80 llamadas para conseguir a mi primer cliente, y fue un doctor que me dice si de buenas a primeras, si me interesa, vente a mi consultorio tal día a tal hora.

Perfecto dije yo, agende la cita y ahí voy. La primera vez que estaba ahí con mi primer cliente local, como todo un poco de nerviosismo, sin saber cómo decir las cosas.

Y pues me dice: "háblame de ti, no te conozco, nunca te he visto, cuánto es de tus honorarios".

Es difícil que las personas confíen en ti, porque obvio no te conocen, vas empezando tu empresa, pero pues tú tienes que inspirar confianza y la mejor manera es tener un cliente contento para que te recomiende y hacer un buen trabajo.

Si tú haces las cosas de mala manera pues obviamente tu negocio no va a llegar más lejos después de tu primera cita. Ahí la idea fue presentarme de una manera correcta, gracias a Dios se concretó ese primer negocio que tuve ahí en marketing local, hicimos el trabajo, eso me genero muchísima confianza, yo creo que la siguiente cita que tuve con el otro cliente, ya no fue tan difícil para mí concretarla porque ya mi discurso era con más seguridad.

Lograr el éxito te da esa seguridad para más adelante hacerlo de una manera más fácil y así fue como empecé con esta idea del marketing local con todo el conocimiento que aprendí gracias a cursos por internet.

Prácticamente así empecé y hasta la fecha sigo trabajando con empresas locales que me contratan para gestionar redes sociales, para hacerles su página de internet desde cero y ahí los voy aconsejando porque ellos difícilmente conocen lo que es el video marketing, como les puede funcionar para su negocio.

He encontrado diferentes nichos de mercado muy interesantes, de personas emprendedoras, que no conocen nada de negocios por internet pero que ya están ganando dinero, con técnicas muy fáciles y sencillas, y con lo que les enseño van duplicando sus ingresos.

P: Muy interesante la historia, creo que ahorita tenemos una audiencia muy variada, pero si nos pudieras explicar con peras y manzanas exactamente ¿qué es un blog y para que te puede servir en este momento?

L: Un blog es una plataforma donde tú puedes publicar contenido de diferente forma, ¿a qué me refiero? Puedes publicar contenido en texto, contenido en audio, y en video.

¿Qué vas a publicar?

Al menos que tu decidas tener un blog tipo revista dónde vas a publicar de salud, de deporte, tipo periódico y magazine o algo así, tal vez puedas publicar de todo, no es el caso para los emprendedores, por lo general para que un blog sea más efectivo en este mundo de los negocios por internet tienes que ser específico.

Hay blogs especializados en salud, en liderazgo, especializados en negocios por internet, hay blog especializados en marketing de afiliados.

Es importante que decidas a que te vas a dedicar o que es lo que más te apasiona, con que te sientes más seguro.

Dentro de los negocios por internet vamos a hablar específicamente de ese ramo, se desprenden también otras áreas, mencionando algunas como e-mail marketing, info-marketing, marketing con videos, marketing de afiliados, etc.

Aquí lo importante de un blog es que las publicaciones sean constantes, sobre todo cuando vas empezando, es importante que publiques por lo menos 3 o 4 veces a la semana de esa manera tu blog se va a convertir en un blog de autoridad.

¿A qué me refiero con eso?

Los buscadores, por ejemplo, google van posicionando tu blog en las primeras páginas de acuerdo al contenido relevante que vas compartiendo.

Para que vayas generando más visitantes a tu blog tienes que comenzar con el primer artículo, ser constante en tus publicaciones, conectar con la gente a través de los comentarios y algo muy importante capturar los correos de tu público a través de un autorespondedor.

En mi caso yo publico de 2 a 3 veces por semana y esas publicaciones se las mando por correo electrónico a mis suscriptores, aparte las visitas que recibo de los buscadores.

El hacer videos también me ayuda a posicionar muy bien mi blog, si yo hago un video no solamente lo voy a dejar en Youtube por ejemplo, sino que también lo voy a poner en mi blog.

En resumen, **un blog es una plataforma para publicar tu conocimiento, tu experiencia o tu pasión.**

A la brevedad posible tienes que tener un blog para posicionarte como un experto en tu nicho de mercado y eso te va a dar más credibilidad en lo que estás haciendo.

P: ¿De dónde surge el nombre de Villetez?

L: Villetez. Fíjate que ese nombre lo tuve mucho antes de iniciar los negocios por internet.

Todos me decían ahí viene el billetudo, el que tiene muchos billetes, entonces a lo mejor de alguna u otra manera ya estaba destinado. La cuestión aquí es cuando iba a hacer mi correo electrónico, uno siempre quiere tener un correo electrónico diferente a los demás y pues que sea único.

Mi nombre completo es Luis Fernando Villegas Téllez, entonces hay una combinación de mis 2 apellidos que es Villegas Téllez y pues dije a ver cómo puedo combinarlos, hice varias combinaciones y la que más me gusto fue VILLETEZ.

P: Siguiendo con el tema Luis, nos podrías compartir un poquito más para aquellas personas que se quieran dedicar como tú a este mundo de la consultoría ¿Cuál sería tu consejo principal?

L: Que le pierdan el miedo a apretar botones, no pasa nada si borras todo, lo puedes volver a construir, por supuesto que es trabajo que te va a costar, pero no pasa nada, piérdele el miedo.

Atrévete a crear tu primer blog, si no sabes nada pues pregunta, muchas de las cosas que puedes aprender lo puedes hacer haciendo una investigación exhaustiva, entras a google y pones hay nada más lo que quieres saber, hay muchos videos de tutoriales en Youtube, y si ya quieres algo especializado que te lleve paso a paso con soporte técnico pues te recomiendo que compres un curso de una persona que te enseñe a hacer tu blog.

Una vez que ya aprendas, ya decidirás tú si es lo que a ti te apasiona, si es lo que te gusta, si tú quieres enseñar eso ya sea en tu propia localidad.

Hay algunas herramientas que te facilitan, créeme que es muy fácil cuando tienes las herramientas adecuadas. Yo no estudie diseño gráfico, yo no soy programador, yo no sé absolutamente nada de HTML, no se absolutamente nada de php que son los códigos con los que se crean los blogs, pero pues las plataformas son cada vez más amigables.

Wordpress cada día es mucho más fácil de usar, hay muchos complementos al blog que te hacen más fácil su gestión. Entonces es cuestión de que tú te familiarices con los términos, con las herramientas y tarde que temprano vas a poder tener ahí tu blog y si lo decides puedes hacerlo como tu profesión.

Yo en mi caso he decidido dedicarme profesionalmente a eso aquí en mi localidad y gracias a Dios las cosas se han ido dando, vamos creciendo, cada vez son más clientes, y esos clientes te van referenciando con alguien más, vamos estableciéndonos un poco más como empresa y pues ahí iremos avanzando paso a paso.

También estoy haciendo lo que es circuito de marketing, a través de internet, no solo para clientes locales, si no para emprendedores, alguna persona que quiera comercializar algún producto, alguna novela, algún info-producto, o una persona que por ejemplo quiera avanzar en su negocio de redes de mercadeo, multinivel o venta directa.

P: Este es un tema bastante interesante, que creo eso es lo que te diferencia de todas las personas que se dedican a los blogs y a páginas web, ese término del **circuito de marketing.**

¿Nos puedes decir en términos sencillos que es el circuito de marketing y como le puede beneficiar el **circuito de marketing** a la gente en sus negocios por internet?

L: El blog como decía anteriormente, es solo una parte de la estrategia. ¿A qué me refiero con circuito de marketing?

Es como interconectar todas las cosas ¿Qué es lo que hay que interconectar? Primeramente, tienes tu blog, nicho de mercado, y todo ese contenido que vas publicando hay que regarlo por toda la red, hay muchísimas formas de poderlo hacer hoy en día, hay bastantes redes sociales.

Te recomiendo que inicies con alguna red social, no te vayas a englobar en todas las redes sociales de un inicio porque te vas a abrumar, te vas a confundir, entonces tienes que empezar a conectar tu blog por ejemplo con Facebook.

Ya que domino Facebook extiendo otro brazo a otras plataformas sociales, como Twitter, YouTube y el contenido se va difundiendo cada vez más.

El blog es una parte, pero tu branding personal, tus productos, tus conocimientos, las redes sociales, las teleconferencias, los audios, todo eso forma el circuito de marketing.

Y en su conjunto todo es poderoso, porque al regar toda esa información por la red te vas posicionando, la gente te va conociendo, va conectando contigo y así es como un circuito de marketing va creciendo día a día.

P: ¿Nos podrías compartir cuál es tu blog?

L: Mi blog es www.villetez.com ahí pueden visitarme, pueden registrarse en mi boletín, para que puedan ver el contenido relacionado a los negocios por internet.

P: Muchísimas gracias Luis por compartirnos parte de tu tiempo, sobre todo parte de tu historia y lo que estás haciendo acerca de los blogs.

Capítulo 3. La Mejor Tecnología Para Vender Por Internet

¿Qué tanto te gustaría la idea de saber cómo ganar más dinero con internet y atraer una avalancha de clientes para tu negocio o emprendimiento?

¿Quieres saber cómo hacerlo?

Continúa leyendo...

Hoy nos encontramos en una nueva era con grandes oportunidades y desafíos para los negocios y la vida misma.

Debes estar preparado para los nuevos retos y entender el comportamiento de tus clientes para seducirlos y lograr que regresen una y otra vez a tu negocio.

La mejor tecnología que te puede ayudar a lograrlo es el **Marketing Por Internet.**

Sin duda esta tecnología te permite realizar acciones de gran impacto, a gran escala, rápida y de forma segmentada.

La oportunidad de hacer negocios es simplemente impresionante, pero debes aprender continuamente cómo hacerlo.

La tecnología avanza a pasos agigantados y si no te mantienes en la cúspide de la ola, corres el riesgo de perder tu negocio y que tu competencia se quede con los clientes que con tanto esfuerzo has cosechado durante años.

Pero antes de continuar déjame hacerte algunas preguntas...

¿Te sientes sobre-cargado de Información?

¿No tienes ideas cómo empezar utilizar el internet para mejorar las ganancias de tu negocio o emprendimiento?

¿No tienes un plan de acción de marketing en línea que puedas ejecutar y medir?

¿Se te complica mantenerte al tanto de la tecnología actual que si funciona para tu negocio o emprendimiento en particular?

¿Quieres ganar más dinero y crecer tu negocio?

Si tu respuesta es sí, a alguna de estas preguntas estás en el lugar correcto.

3 Pilares Irresistibles Para Vender Por Internet

Pilar # 1 Oferta

Primero debes crear Una Oferta Irresistible.

Una Oferta difícil de rechazar y que secuestre la atención de tus clientes.

Piénsalo de esta manera:

Si no tienes algo que promover, algo que solucione necesidades reales, algo que mueva magnéticamente a las personas hacia tu producto o servicio.

¿Realmente tienes un negocio irresistible?

La oferta se centra en la solución que tienes que ofrecer agregando un valor supremo que aplaste éticamente a tu competencia, si es que la tienes.

Incluso si no tienes negocio en este momento, esta información te va ayudar a construir el propio de una manera poderosa.

La oferta responde a 4 preguntas principales de tus clientes potenciales.

¿Que ahí aquí para mí?

¿Qué tratas de venderme?

¿Cuánto Cuesta?

¿Por qué debería Creerte?

Estos son algunos ejemplos de Ofertas Irresistibles:

"Terapias Alternativas Para Recuperar Tu Salud en 30 Días o Menos. Garantizado" Clínica Ozonopuntura

"Pizza Fresca y Caliente en 30 Minutos o Menos o es GRATIS" Dominos Pizza

"Como Ganarte Los Aplausos del Público y Que Te Ovacionen de Pie" Curso Para Hablar en Publico

"Plan de 90 Días Para Aumentar Tu Masa Muscular Y Cautivar La Mirada de Las Chicas En La Playa" Promoción de un Gimnasio Para Hombres

"Envíos Efectivos Por la Noche" FEDEX

Otros elementos muy Importantes que te ayudan hacer más atractiva tu oferta y que adecues tu negocio a las necesidades de tus futuros clientes es entender su psicología de compra.

¿Cómo piensan?

¿Cuáles son los botones emocionales que los motivan a sacar la billetera?

Estos son tan solo algunos de los botones emocionales que la gente desea tener y tú debes oprimirlos en tu marketing.

La gente quiere TENER:

1. Salud
2. Dinero
3. Popularidad
4. Mejor apariencia
5. Seguridad en la vejez
6. Reconocimiento
7. Confort
8. Tiempo libre
9. Más gozo
10. Auto confianza
11. Prestigio personal
12. Paz mental y espiritual

Por lo tanto, debes de conocer mejor a tus clientes de lo que ellos se conocen a sí mismos.

Pilar 2 # Sistema

Aquí es donde la mayoría de los negocios o emprendimientos falla.

Un sistema es el corazón perdido que te ayudara a construir un negocio en línea de forma exitosa.

El Poder del SISTEMA, te da una ventaja injusta.

El 95% de los negocios que ya tienen presencia online están desperdiciando dinero todos los meses por no contar con un sistema y más aún, un modelo de negocios probado que funciona para vender por internet.

Estoy seguro, que si aplicas este sistema vas a tener mejores resultados de los que has logrado hasta este momento.

El Sistema se Compone de 2 Ejes Principales:

1er eje Un Blog o Página Web

Te lo diré de manera sencilla, el blog o página web es el centro de tu negocio, aquí es donde presentas tu oferta y otorgas valor, donde creas tu embudo de ventas para ganar dinero por internet y por supuesto, donde conviertes a las personas en fan o incluso en evangelizadores de tu negocio.

Una de mis recomendaciones, **Aporta valor a los demás.**

2do eje Email Marketing

Lo resumiré en 1 sola frase:

"En internet, el dinero está en la lista de contactos, punto"

Nada es más poderoso para las personas que la comunicación en intimidad.

Es una locura creer que con tan solo tener tus productos o servicios en tu plataforma las personas creerán en ti y, sobre todo, te comprarán.

Por esa razón, el corazón del marketing de los negocios por internet, se encuentra en la relación personal que se construye a través de los contactos obtenidos de cada persona.

Pilar # 3 Trafico

El tráfico es lo que te va a permitir una avalancha de nuevos clientes a tu negocio.

De nada te va a servir tener tu blog o sitio web con un diseño bonito, atractivo o tridimensional si nadie lo visita.

Si ni siquiera tienes idea de cuántas personas visitan tu página o cómo saber promocionarla.

Peor aún, si no actualizas tu página en meses, es peor que si no tuvieras una.

El tráfico en sí mismo son los distintos mecanismos que existen para difundir tu negocio, marca, producto o servicio.

El tráfico son los visitantes interesados en una temática en particular.

Mi principal recomendación es que atraigas como un imán trafico altamente segmentado e interesado en lo que tú tienes que ofrecer.

Existe Tráfico Gratuito y Tráfico Pagado.

Dentro del tráfico Gratuito tenemos como tácticas:

-Video Marketing

-Contenido en el Blog

-Publicación en Redes Sociales

Son GRATIS, pero implican cierto esfuerzo de nuestra parte o ya sea que contratemos alguien especializado en la materia en nuestro negocio.

Son actividades que implican tiempo pero que sí lo haces bien producen resultados en el mediano y largo plazo.

Este tipo de tácticas el beneficio principal es que quedan durante el tiempo.

Por ejemplo, tengo algunos videos publicados hace años que me atraen regularmente prospectos todos los meses a mis embudos de venta.

Entonces son tácticas que debes contemplar dentro de tu estrategia de marketing digital.

Son tácticas que debes integrar dentro de tu estrategia principal.

El otro tipo de Tráfico es el PAGO

Al dinero le gusta la velocidad.

Y si quieres atraer nuevos clientes más rápidamente lo puedes hacer a través de las plataformas de publicidad del internet.

La que te recomiendo en este momento es Facebook Ads.

Lo que me encanta de esta plataforma es que sólo pagas cada vez que una persona ve tu anunció y puedes tener tus propias estadísticas si tu campaña es rentable.

El secreto mejor guardado de la publicidad online es que si inviertes $1 y ganas $2 tienes la ecuación perfecta para escalar la inversión y generar mayores ganancias.

Este tipo de publicidad también te permite llegar al público que realmente te interesa llegar.

Si sabes cómo hacerlo puede ser una publicidad muy económica.

El truco está en conocer cómo aprovechar esta plataforma a tu favor.

Estrategias Adicionales

Seminarios Gratuitos Online

Los seminarios son la forma más rápida y poderosa para tener enganchada a tu audiencia en un tópico particular.

Gracias a los seminarios puedes conectar con otras personas y transmitir un mensaje que resuelva alguna necesidad en particular.

Depende de ti, de la calidad, de lo relevante que sea el contenido para entusiasmar a tu público para que le agrade tú personaje, historia y quiera saber más acerca de ti o de los productos o servicios que tienes que ofrecer.

Para empezar a hacer un seminario gratuito, debes comenzar a desarrollar un tema que sea de alto interés para tus seguidores, esta información la puedes obtener aplicando una pequeña encuesta.

Lo importante es empezar y perder el miedo a hablar ante la cámara si no lo has hecho antes.

A medida que más practiques este proceso será más familiar para ti.

No importa la asistencia en tus primeras ocasiones, si por ejemplo logras atraer a tus primeras, 5, 10, 15 o 20 personas, puedes solicitar en vivo los testimonios de las personas sobre lo que les pareció el seminario y eso se convierte en una primera prueba social importante para ti.

Te aseguro que las personas que asistan si reciben un alto valor estarán encantas de compartir contigo y en los medios sociales su testimonio.

Estos testimonios posteriormente te pueden ayudar para compartirlos en tus boletines electrónicos y para vender con más fuerza en tus cartas de venta.

Puedes utilizar también estos seminarios para posteriormente ofrecer tus productos o servicios.

De hecho, te voy a compartir algunos elementos para lograr de tu presentación un arma seductora de ventas en vivo.

Incluso puedes llegar a tener un porcentaje de conversión en ventas superior al 10%, incluso hasta el 25% dependiendo de lo atractivo de tu oferta.

Imagina que logras atraer 100 personas a tu seminario interesadas en tu mensaje.

Y de ello logras hacer que 10 personas compren un producto tuyo de $97usd.

Estarías ganando casi $1000usd por tan sólo una hora de trabajo.

Nada mal, y lo mejor de ello es que puedes hacer seminarios gratuitos constantemente para vender tus productos o servicios.

Pruébalo con tus propios números. Lo importante es que sea un tema relevante y que estés satisfaciendo sus necesidades con el producto o servicio que les vas a vender.

También los seminarios por internet sirven para crear expectativa, aceptación y una prueba social, y resolver objeciones anticipadas de personas interesadas durante un lanzamiento de productos.

El seminario te sirve para reforzar tus lazos de confianza.

De hecho, el verdadero marketing es que tu cliente esté en un proceso educativo en el cual tú lo estés guiando y continuamente lo estés educando para que pueda aceptar de una manera más fácil y relajada tu producto o servicio.

Te recomiendo que siempre los estés educando en tus procesos de marketing y utilizar un guión de ventas persuasivo.

Un guión de ventas persuasivo que te recomiendo para convertir de una manera más eficaz a tus prospectos y llevarlos por ese deseo de compra de tu producto o servicio, puede ser el siguiente:

Primeros 5 Minutos: Presentación, das la bienvenida, algún saludo cordial, instrucciones generales para que presten la mayor atención.

Incluso algún ejercicio previo de relajación para lograr la máxima sintonía de tu audiencia y generar ese ambiente de confianza.

De los 5 a los 10 minutos: Te recomiendo que cuentes esa historia de posicionamiento, por qué deberían escucharte a ti, hasta el momento cuáles han sido tus principales logros, cuál es tu especialidad y porque es que AHORA los puedes ayudar a resolver sus problemas en cierta área.

Puedes expandir tu historia contando las frustraciones en tu camino y cómo resolviste esos obstáculos.

El poder de contar historias te va ayudar a conectar increíblemente y esto te servirá con tus clientes de manera subconsciente para que saquen la billetera y compren de ti.

De hecho, una empresa billonaria como Hollywood ha creado mucho dinero contando historias a través de sus películas.

De los 10 a 20 minutos: Presentas cuál es el principal problema de las personas que te están escuchando y porque es importante resolverlo ahora.

Debes agitar el problema lo bastante para que las personas sientan que realmente necesitan solucionarlo.

De los 20 a los 30 minutos: En esta parte aportas el contenido principal, pasos aplicables para que las personas puedan solucionar sus problemas.

Debes de entregar el mejor contenido que tengas de tu parte. Da siempre lo mejor porque te aseguro que la gente estará tan agradecida de lo que le brindaste que terminará comprando.

Esos pasos aplicables deben de llevar a la persona del punto A (situación actual) al punto B (situación deseada).

De los 30 a los 40 minutos: Puedes presentar prueba social de personas que han comprado de ti y se han encontrado satisfechas.

Otra forma de prueba social son las pseudo-demostraciones pintando en sus mentes el posible resultado que ellos podrían alcanzar con la información que estas compartiendo si la ponen en práctica rápidamente.

De los 40 a los 45 minutos: En esta parte puedes hacer llamado a la acción, mostrar más beneficios de tu producto o servicio, una oferta irresistible por tiempo limitado solo para los asistentes del seminario.

También ayuda mucho ofrecer algunos bonos especiales y tu garantía especial para eliminar cualquier riesgo y objeción posible.

De esta manera, la persona va a estar más enganchada y va a estar más dispuesta a sacar su tarjeta de crédito.

Cómo Promover Tu Seminario Online

Hay varias estrategias que puedes aplicar para promover tu seminario online.

Puedes crear anticipación y mandar varios correos con tu lista de suscriptores.

También puedes crear una alianza estratégica con un colega que previamente tenga una lista y le aportes a cambio una comisión por presentarte ante su público.

Piensa en una comisión atractiva, yo generalmente pago a mis aliados estratégicos el 50% o más.

Es un ganar-ganar para todos.

Igualmente puedes hacer publicidad pagada, promover en redes sociales, un blog de contenido.

Lo importante es la planeación previamente y que tengas bien claro cuál será el objetivo principal de tu seminario online.

Entrevistas Con Expertos

Este es uno de los métodos más simples y rápidos que tú puedes utilizar en tu carrera para posicionarte realmente como un experto en tu nicho de mercado.

Lo que sucede, por el poder de las entrevistas, es que logras una transferencia de poder.

El experto ya es una celebridad, ya es una persona reconocida, es una persona que tiene fama, mucha autoridad y credibilidad.

En el momento en que tú te asocias con esa persona a través de la entrevista, te transfiere directamente toda su fuerza y logras una credibilidad instantánea de forma inconsciente cuando compartas este contenido con tu público objetivo.

De hecho, para mí las entrevistas son un medio muy poderoso que muy pocas personas aprovechan en su totalidad y hay muchísimos beneficios que tú puedes aprovechar con el poder de las entrevistas.

Es un medio que me encanta porque generas contenido rápidamente, generas credibilidad instantánea y estás aportando un gran valor a tu mercado.

Es algo muy importante que debes considerar, que en todas tus comunicaciones siempre debes aportar el mayor valor posible, contenido que sea único, contenido que sea original al que le pongas tu toque y sello personal.

Cuando tú realizas las entrevistas hay varios objetivos y hay varios métodos y formas que puedes utilizar para posicionarte y que te sirva para lograr ventas más adelante.

Uno de los objetivos puede ser compartir la entrevista en tu blog o que sea un regalo para que las personas se suscriban a tu boletín.

Por ejemplo, en mi sitio web: http://PabloDelgadilloCortez.com podrás encontrar un curso de 21 lecciones que te enseña cómo generar 1000 clientes potenciales en 8 semanas.

Te comparto mi guión para crear entrevistas impactantes y que aporten alto valor.

1. Cuéntanos un poco acerca de quién eres y tu historia personal.
2. ¿Cuáles fueron los obstáculos que enfrentaste en tu camino y cómo los resolviste?
3. ¿Cuáles han sido tus principales logros hasta el momento?
4. ¿Cuál consideras que es la clave de tu éxito?
5. Alguna recomendación para finalizar.

El proceso que yo te recomiendo para que contactes a los expertos es la regla 10/1.

Esta regla generalmente se aplica en todo.

De cada 10 expertos por lo menos tienes la seguridad que uno te va a dar una entrevista.

Por lo tanto, contacta a la mayor cantidad de expertos posibles para lograr tus primeras entrevistas.

El contacto lo puedes realizar vía e-mail, Facebook, teléfono o Skype.

Lo más importante es que puedas descubrir durante el proceso cuáles son esas cosas que le llaman la atención al experto para que te pueda conceder parte de su tiempo que vale oro.

Algo importante es que descubras y que le hagas ver al experto qué es lo que va a ganar si te concede la entrevista y, sobre todo, el:

"¿Qué hay aquí para mí?

¿Por qué debería concederte esa entrevista?".

Hay diferentes formas en que le puedes retribuir al experto.

Puede ser recomendando alguno de sus productos o servicios al finalizar, compartiendo su contenido en tus medios online o recomendando su sitio web.

La idea es que el experto gane algo de valor de esta entrevista.

Puedes usar las entrevistas como un trampolín para generar más adelante alianzas estratégicas con el experto.

Como siempre, lo más importante es la acción, así que te invito a que empieces a contactar a los expertos sin miedo y compartas prontamente tus entrevistas.

La acción es lo que cuenta.

El experto generalmente estará encantado de contribuir y compartir su experiencia.

Simplemente debes animarte a romper esas barreras que en este momento te están deteniendo.

Te aseguro que, cuando empieces a tomar acción, cosas mágicas van a empezar a suceder.

Nuevas alianzas, nuevas relaciones y, por qué no, tal vez hasta futuros proyectos rentables.

Te aseguro que el 0,1% de la población desconoce esta estrategia, es gratis, económica y muy divertida.

Recuerda que tú eres el promedio de las cinco personas con las cuales tienes más relación y, si te empiezas a relacionar con personas de este tipo, con expertos, con líderes en tu industria, personas que aportan, verdaderos mentores, pues tú en el proceso te vas a convertir en un gran líder, en un gran mentor.

Reportes Gratis

Un reporte te posiciona como un experto de manera instantánea.

Sirve para comunicar un mensaje y conectar con tu audiencia. Hay varias formas para que puedas crear un reporte de manera instantánea. Mi favorita es que impartas un seminario gratuito y mandes a transcribir la grabación.

De esta manera puedes matar dos pájaros de un tiro.

Primeramente, conectas en vivo con los clientes potenciales que te escuchan y, punto número dos, ahorras muchas horas de trabajo y esfuerzo al crear tu reporte gratuito.

Es tan sencillo como mandar a hacerlo y pedirle, ya sea a un sobrino o a un freelancer que te haga este trabajo de transcripción.

Otra forma de hacer tu reporte gratuito es hacer una colección de tus 10 mejores artículos. Aquellos que tienen probablemente más interacción o han sido más compartidos en redes sociales.

Lo principal que te recomiendo en este reporte, al igual que en las cartas de venta, es que crees un titular poderoso e impactante con algunas palabras que secuestren la atención de tu prospecto.

Si no tienes mucha experiencia en el arte de la publicidad persuasiva o el arte de vender con palabras, lo que te recomiendo, es que enfoques tu titular en describir cuál es el principal beneficio que se va a llevar el lector.

Como estamos en una era de sobrecarga de información, para que tú puedas captar esa atención, el interés, y luego llevar a la acción a tus prospectos, es muy importante que les digas qué hay aquí para ellos, qué hay de relevante en lo que estoy leyendo y cómo le puedes ayudar a resolver una problemática en particular.

Por ejemplo, si eres un doctor y tus prospectos potenciales son los empresarios puedes crear un reporte titulado:

"Los 3 métodos instantáneos para recuperar tu salud, ganar energía, ahorrar productividad y producir más dinero en tu negocio".

Al final del reporte siempre es muy importante que hagas un llamado a la acción para que visiten tu sitio web.

Hay varios sitios en los cuales tú puedes publicar tu contenido.

Personalmente me ha dado muy buenos resultados publicar en los sitios de contenidos como Scribd, Slideshare o Taringa.net.

Son sitios en los cuales millones y millones de personas publican sus contenidos y hay una gran cantidad de personas que puedan leerte. Son fuentes de tráfico que te pueden traer regularmente prospectos, siempre y cuando tu reporte satisfaga sus necesidades, sea relevante y también publiques constantemente reportes en estas diversas plataformas.

Puedes testear las diferentes plataformas. Estas son las que yo te recomiendo, porque las he utilizado y me han atraído tráfico en mis distintos nichos de mercado.

Nuevamente te recuerdo que la creatividad es el cielo, y principalmente adapta esta estrategia a todo tu proceso de marketing.

No hagas cosas tácticas o aisladas que te desenfoquen de tus principales procesos de marketing.

Haz todo lo que sea necesario que te ayude a atraer más prospectos, clientes y dinero en tu cuenta bancaria.

Lo más importante es que empieces ahora y que tomes acción enfocada. El reporte no tiene que ser muy extenso. Incluso con diez páginas o menos puedes crear las bases de un completo reporte gratuito.

Capítulo 4. El Modelo de Negocios del Caza Talentos

En este capítulo te voy a compartir una entrevista que me realizó Álvaro Mendoza en su show de Marketing y Negocios.

En esta entrevista revele un modelo de negocio que actualmente estoy utilizando para monetizar el internet, que estoy seguro que con un poco de práctica y disposición también lo podrás aplicar en tu beneficio.

Álvaro: Bienvenido a una nueva sección del show de marketing de negocios con Álvaro Mendoza, en esta sección tengo invitado a una persona muy especial, es una persona que ya lleva varios años de experiencia en el mundo del marketing y los negocios por internet.

Es una persona supremamente joven y con experiencia en todo lo que es la promoción de productos de nichos de mercado a través del internet.

Tuve el privilegio de conocerlo como participante en el evento de "Los Maestros de Internet", así que los quiero dejar con nuestro amigo Pablo Delgadillo, de México.

Pablo: Hola Álvaro muchas gracias por darme la oportunidad de estar aquí en tu programa y poder compartir información de gran trascendencia para tus seguidores.

Para mí es un gran honor estar aquí contigo y sobre todo para contarte más sobre los nichos de mercado en internet y sobre el info-marketing.

A: Es un placer Pablo, muchas gracias por haber aceptado mi invitación.

Cuéntame más acerca de ti, ¿Quién es Pablo Delgadillo, a qué te dedicas y que experiencia tienes en marketing por internet?

P: Mi nombre es Pablo Delgadillo, actualmente me dedico a ser estratega en lo que es el info-marketing, más adelante voy a explicar que es exactamente el info-marketing y porque es un negocio bastante rentable.

Soy Licenciado en Administración de Empresas con especialidad en Inteligencia Comercial.

Mi historia en los negocios por internet inicio aproximadamente hace 6 años.

Todo inicio curiosamente por un libro. Un libro que me abrió la mentalidad, este libro es del autor Robert Shemin:

"¿Por qué ese idiota es rico y yo no?", que prácticamente llego a mí por accidente. Básicamente lo que yo aprendí de este libro es que no necesariamente tienes que tener una carrera profesional, de hecho, hay una estadística que dice que las personas que tienen las mejores calificaciones en la universidad, generalmente terminan quebradas en la vida, eso fue lo que a mí me hizo cuestionarme un poco, ya que hasta ese momento llevaba muy buenas calificaciones.

En mi búsqueda encontré ciertos patrones de éxito de gente como Steve Jobs que no terminaron su carrera universitaria, y a pesar de eso son personas que generaron mucha riqueza y abundancia.

Poco a poco me fui introduciendo más al mundo de los negocios por internet.

Naturalmente cuando empecé no tenía muchos recursos y lo que me llamo la atención de ese libro es que el autor comentaba que había una posibilidad en la cual también podrías crear tu abundancia a través de lo que son los negocios por internet.

Y gracias a este libro, me abrí a este mar de posibilidades y a hacer una investigación acerca de los tipos de negocios que había a través de internet.

A: Una vez que hiciste esa investigación ¿a qué conclusiones llegaste? **¿Cuál fue tu primer emprendimiento en internet?**

P: Después de esa investigación, paso un largo año y medio en el cual empecé a tener mis primeros resultados. Empecé como naturalmente le pasa a la mayoría de los emprendedores por internet, buscando entre montañas de información, un poco ahogado entre cursos gratuitos, a través de seminarios, distintas personas que te hablaban de cómo generar riqueza a través de los negocios por internet.

No encontraba la manera de obtener resultados, no fue hasta que tome la decisión de invertir en mi primer mentor, gracias a ese mentor es que mi curva de aprendizaje y mis resultados empezaron a llegar.

De hecho, con ese curso 100% implementación y acción masiva obtuve mis primeros resultados en línea en nichos de mercado, 5 meses después de tomarlo.

A: Lo que dices Pablo me parece supremamente interesante, porque es una historia impactante.

Estas en la universidad, de pronto lees un libro que no tiene nada que ver con la universidad, te abre la mente a un mundo de nuevas posibilidades, compras un curso, compras el otro, duras un año y medio haciendo una cosa aquí, una cosa acá, sin resultados tangibles.

Pero decides invertir en ti mismo, decides invertir en tu propio negocio, y contratas a un mentor y en cuestión de meses ya empiezas a tener resultados.

Así que cuéntanos:

¿Cuáles fueron esas primeras experiencias?

¿Qué fue lo primero que vendiste en internet?

¿A qué público o nicho de mercado te estabas dirigiendo?

Cuéntanos un poco más sobre ¿Qué paso cuando contrataste a este mentor?

P: Era un curso acerca de lo que es propiamente generación de tráfico y creación de productos. El comentaba que la forma más fácil para generar un negocio de información, de info-marketing, es a través de los productos con derecho de reventa, que son aquellos productos que ya está el libro digital hecho, la carta de venta, incluso la página de captura, y lo único que tú tienes que hacer es personalizarlos y generar tráfico.

Entonces mis primeros emprendimientos fueron en el nicho del estrés, en el nicho del mal aliento, hasta me da risa, y en el nicho de desarrollo personal.

A: A mí también me da risa, sobre todo porque a quién se le va a ocurrir escribir un libro del mal aliento y promocionarlo a través del internet.

¿Y cómo te fue con eso?

¿Fue fácil conseguir los productos y hacer marketing?

Me imagino que estos primeros tres nichos que escogiste fueron toda una escuela, para que tu aprendieras todos los pormenores de hacer marketing y negocios por internet.

P: Claro, fue una escuela bastante importante, aprendes más en el terreno de la cancha, en la práctica que estudiando los cursos.

Para mí fue un proceso muy importante porque primero empecé a ver los primeros resultados palpables, de esos resultados yo creo que lo más importante, más allá de los resultados, es la confianza que logras generar en ti mismo, que realmente si se puede vivir de esto, sobre todo que este tipo de negocios te da la posibilidad de ir escalando a nuevos proyectos.

Estos primeros proyectos me dieron la posibilidad de encontrar a otras personas, a otros emprendedores que estaban en la misma sintonía, y fue cuando empecé a crecer más en el nicho de mercado de los negocios por internet.

De mi primer mastermind o grupo de mentes maestras salió la idea de Negocio A la Carta.

Negocio A la Carta fue un lanzamiento bastante exitoso que generó 1500 ventas en apenas días y fue un trampolín muy importante para servir a miles de personas.

A: Ya que mencionas el curso de Negocio a la carta, si la memoria no me falla "Negocio a la carta" lo que hacía era entregarle a la gente que se uniera negocios de información nuevos todos los meses.

Estaban entregando un producto con derechos de reventa con su respectiva carta de ventas, y fue uno de los lanzamientos más exitosos en la historia del internet hispano.

Me imagino que fue toda una escuela para ti.

Pablo, ¿A qué te refieres exactamente con la palabra Info-Marketing?

P: **Infomarketing es ofrecer soluciones a los problemas y necesidades de una persona en un formato conveniente.**

Actualmente la gente está pasando mucho tiempo buscando información que le ayude a resolver una problemática o una necesidad y está dispuesta a pagar siempre y cuando encuentre esta información pertinente.

Entonces los negocios de info-marketing o de información prácticamente es entregar esa solución en el formato más conveniente a las necesidades de las personas.

Puede ser un video curso, un audio curso, algún reporte, una serie de tele seminarios, una conferencia, algún programa de coaching, es decir, el formato se va adaptando mucho de acuerdo a las necesidades del nicho de mercado.

Por ejemplo, en el nicho de desarrollo personal el formato que más les encanta a ese tipo de personas, es el formato de audio cursos, en otros nichos como marketing, estamos más acostumbrados a lo que son los cursos a través de los videos.

Entonces siempre y cuando haya una necesidad y tú siendo un profesional ofrezcas una solución a las necesidades de otras personas, vas a encontrar un negocio rentable.

A: Los productos de información tienen la característica que pueden ser productos físicos o digitales. Tú vendes productos digitales de información proveyendo soluciones a problemas a diferentes nichos de mercado.

Y **¿Cómo haces el marketing?**

¿Qué estilo de marketing es el que utilizas para hacer llegar la voz de la existencia de esos productos y de la solución de problemas a esos nichos de mercados y por qué?

P: El estilo de marketing que utilizo más y que me ha dado más resultados es el estilo de marketing que te hace obtener resultados más rápidos sin la necesidad de invertir en demasiadas complicaciones mercadológicas.

Es el marketing de respuesta directa que te ayuda a medir cada uno de tus resultados.

Propiamente en los negocios de información se aplica bastante marketing de respuesta directa, lo que me permite tener métricas muy importantes para tomar decisiones como: personas que visitan mis sitios web, las personas que dejan su información, nombre, correo electrónico, las personas a las que les vendo y sobre todo también a las personas que están interesadas en esta información.

Me permite jugar con un mundo de posibilidades y yo hago que todas esas personas se capturen dentro de un sistema y posteriormente yo les envió información gratuita y les vendo los productos.

También se utilizan mucho ciertas estrategias que funcionan bastante bien como lo que es la psicología de tu audiencia, lo que son las leyes irrefutables de la urgencia y la escasez, y muchas otras técnicas que se aprenden a través del marketing de respuesta directa.

Lo que me permite a mí obtener resultados más rápidos que no los pudiera obtener si solamente usara técnicas de branding o posicionamiento, que son técnicas que se aprenden en la universidad.

A: Eso que mencionaste es supremamente importante porque efectivamente cuando alguien no sabe de marketing cree que el marketing es el que estamos acostumbrados a ver en los comerciales de televisión y en los comerciales de radio.

Es un estilo de marketing que para nosotros los emprendedores o pequeñas empresas no tenemos los bolsillos lo suficientemente grandes o no tenemos presupuesto para hacer un marketing de generación de marca, que es importante pero no es el único estilo de marketing existente.

Y el marketing que nosotros utilizamos en internet efectivamente es el **marketing de respuesta directa**, es decir, aquel marketing que es susceptible de ser medido y tú puedes saber con exactitud qué porcentaje de gente que visita una carta de ventas se convierte en cliente, cual es el porcentaje de respuesta de nuestras páginas de aterrizaje.

Tú puedes tener todas esas series de métricas para saber exactamente cuál es el retorno de la inversión de todas tus campañas de marketing y de publicidad.

Pero también has dicho algo bien interesante y es el matrimonio por decirlo de alguna manera entre lo que es marketing de respuesta directa e infomarketing, es decir, productos de información que no son más que productos que tratan de resolver o contestarles la pregunta a nuestro nicho de mercado de algún problema que están teniendo y puede ser cursos de audio, video, reporte, un libro, puede ser un CD un DVD físico o digital.

Lo que me gusta mucho de tu experiencia porque si bien hoy día dices que tienes 25 años, empezaste a los 19 quiere decir que llevas 6 años de experiencia vendiendo a nichos de mercado que no son típicos, por ejemplo el del mal aliento.

La mayoría de los emprendedores empiezan con el pie izquierdo tratando de vender ¿Cómo ganar dinero por internet?

Cuando ellos mismo no han ganado dinero por internet.

Entonces me parece muy valiosa esa experiencia que tú tienes promoviendo productos en nichos de mercado completamente diferentes.

¿Quién más puede vender su conocimiento a través de productos de información, a través del internet?

P: En este momento hay una gran área de oportunidad para los conferencistas, autores, coaches, speakers, consultores, expertos, capacitadores, y para cualquier profesional que en este momento ya esté vendiendo cursos de manera física, como por ejemplo los médicos.

Los médicos son profesionales que tienen la necesidad permanente de estar actualizados.

Otros ejemplos pueden ser abogados, contadores, nutriólogos, profesionales de la belleza, motivadores, etc.

Básicamente cualquier profesional independiente que tenga un conocimiento valioso y que ayude a resolver una necesidad, es una persona que perfectamente puede construir un negocio por internet.

A: Cualquier profesional independiente, no importa de qué carrera, no importa si no es un profesional universitario, puede ser un plomero, un electricista, es decir, cualquier persona que tenga la solución a un problema, puede crear un producto de información y ser comercializado.

Cuéntame más acerca de esa historia que me contaste recientemente de un chef que decidió lanzar un libro de recetas de cocina por tu recomendación.

Tú no solo te dedicas a vender productos de información que tú mismo creas, sino que también estas ofreciendo tus servicios y tu experiencia como experto en hacer marketing de productos de información en múltiples nichos de mercado a otras personas.

Entonces en este caso ¿Cuál es la historia del chef?

Que me parece supremamente interesante y seguramente le van a abrir los ojos a más de una de las personas que nos están viendo en este momento.

P: Como Álvaro ya comento yo asistí al evento de "Maestros de internet" y antes de ir a este evento yo ya tenía la relación con este Chef, es una persona que vive prácticamente a unas cuadras de mi casa.

Lo que yo no me había percatado era del potencial y del número de seguidores que tenía en su página donde compartía recetas de cocina.

Después de "Maestros de internet" para pulir mis estrategias personales, visite su página para ver que estaba ofreciendo y me lleve la grata sorpresa de que tenía casi trescientos mil fans en su página de Facebook.

Lo más impresionante no era el número, sino el nivel de interacción que tenía con las personas, más de cuarenta mil personas eran las que estaban hablando de esa página, y muchas de sus publicaciones tenía comentarios, estaban compartidas, muchos me gusta, es decir, estaba muy bien la página.

De ahí fue que pensé:

"si lanzáramos un curso o un recetario de cocina creo que pudiéramos tener éxito".

Entonces lo que hice fue llamar al chef, nos reunimos en mi casa, y así fue prácticamente como nació esta sociedad.

A: ¿Esta persona anteriormente ya había intentado vender sus conocimientos a través del internet o era algo que simplemente no se le había ocurrido?

¿Compartía recetas gratuitamente en facebook, estaba contento con eso?

¿Nunca habían intentado vender o antes le había ido mal?

Cuéntanos esa historia.

P: A lo que me comento, todo comenzó como un hobby, él era gerente de un restaurant, empezó a compartir recetas de cocina porque realmente era una pasión para él, sin embargo, si hubo un tiempo en el cual por problemas laborales ya no continúo como gerente de ese restaurante.

Hace algunos años busco la forma de hacer rentable su página de facebook, sin embargo, lo que él me comento es que no encontró las estrategias adecuadas para rentabilizar toda esa pasión y esa comunidad de seguidores, él sabía que había potencial pero no encontraba la forma para hacerlo.

A: Ahí es donde entraste tú. Entonces en esa reunión y tú le propusiste el lanzamiento de recetas de cocina.

Cuéntanos como fueron los pormenores de este lanzamiento.

¿Esta persona ya tenía lista o fue un lanzamiento exclusivo de facebook? o ¿Cómo fue que coordinaste todo para hacer ese lanzamiento y que resultados obtuvieron?

P: No tenía lista, de hecho, usamos mi cuenta de autoresponder, no tenía nada, todo lo que tenía era presencia en facebook, ahí es un gran error que se llega a cometer, porque si tú tienes cientos o miles de seguidores en facebook pero si no los tienes capturados en un autoresponder, será más difícil hacer ventas.

Entonces lo primero que hicimos, fue realizar un concurso en el cual íbamos a regalar tres libros de recetas de cocina a las personas que dejaran sus datos, que hicieran una serie de pasos como darle me gusta a la página y lo compartieran en su muro.

Esta estrategia nos generó aproximadamente dos mil comentarios, y una lista de 2300 personas.

Y fíjate Álvaro como son las conversiones en otros nichos de mercado, que es donde creo está la mina de oro.

Que con una lista de dos mil trescientas personas se llegaron a hacer casi las doscientas ventas.

Estamos hablando que obtuvimos más del 9% de conversión de personas que se suscribieron a las que compraron.

Fue un lanzamiento de un periodo de 7 días, y la velocidad de implementación desde que hable con el chef hasta el momento de lanzar fueron aproximadamente de 15 a 18 días.

Una semana en lo que es la fase de planeación, y una semana lo que es la parte de la implementación y lanzamiento.

A: ¿Y exactamente qué era lo que estaban vendiendo un libro de cocina, pero también tengo entendido de que daban un taller?

Explícanos en qué consistía la oferta para haber logrado las 200 ventas.

P: La oferta primaria, lo que es el producto de entrada era un libro de recetas de cocina, eso era lo primero que compraban, pero una vez que compraban ese producto se les ofrecía un taller VIP.

Y este taller VIP lo que ofrecía era 4 talleres en vivo, el libro físico de recetas de cocina, recetas de salsas y recetas de panes,

Dábamos una oferta generosa para el nicho de mercado adecuado.

A: ¿Y a qué precio estaban dando el producto?

P: El VIP estaba a $97 con el cual logramos recabar el 25% del ingreso total del lanzamiento lo que equivalen a 20 ventas.

El Libro de recetas costaba $19.95 con el cual recabamos el 75% de los ingresos restante equivalentes a 180 ventas.

Ahora lo que sigue es incrementar la lista, incrementar los fans para seguir creando más dinero en este nicho.

A: ¿Cuáles fueron las frustraciones del chef y en base a estos resultados cómo cambio su pensamiento hacia la venta de productos digitales?

P: **El primer paradigma era que daba las cosas gratis ya que sentía que, si cobraba, sus seguidores lo iban a dejar de seguir.**

El segundo paradigma era que él pensaba que no se podía vender a precios más altos sus conocimientos,

¿quién me va a comprar a este precio?

Una de las frustraciones era que **no contaba con una estrategia para vender productos.**

El chef trataba de vender productos, pero ya no sabía exactamente cuál era la siguiente estrategia o producto que tenía que ofrecer para seguir rentabilizando ese conocimiento.

Aparte que no conocía estas estrategias de marketing de respuesta directa aplicado a su nicho de mercado.

El paradigma más importante que tuvimos que romper era su mentalidad.

No le daba el valor a su trabajo ni los precios que realmente se merecía.

A: Me parece que es fenomenal lo que nos acabas de decir.

Quiero resaltar alguno de los puntos.

Estoy completamente convencido qué el principal factor que evita que una persona tenga éxito es la mentalidad.

Es porque ni siquiera él mismo, se lo cree que es posible.

Y esto fue lo que paso con este chef.

Él no lo creía, y hasta que no vio los resultados quedo convencido de que si podía cobrar, que si podía cobrar precios altos y que la gente si iba estar dispuesto a pagarlo sin molestarse por que les iba ofrecer cosas.

A veces, a nosotros nos ocurre que no mandamos un email por miedo a que la gente se borre de nuestra lista.

No les voy a ofrecer algo porque les estoy ofreciendo cosas muy seguido.

Este precio está muy costoso porque este otro colega está vendiendo más barato y entonces tengo que irme por lo barato.

Hasta que no se le quite a uno esas telarañas mentales de que es lo que uno puede o no puede hacer, pues no va a tener ningún tipo de éxito.

Otra de las cosas que me gustaría recalcar y puntualizar de lo que nos habló Pablo es que este chef tenía casi 300,000 seguidores en Facebook pero no tenía una forma de rentabilizar esa lista, no tenía sus datos de contacto, no tenía un autorespondedor, no tenía un sitio web.

Y después de esta experiencia me imagino que su foco ha cambiado, su campo de acción primordial no lo será tanto Facebook, si no ver cómo de Facebook logro convertir gente que se suscriba a mi lista para poder ofrecerles mis productos o servicios a través del internet.

La otra cuestión que es bien interesante es que ya está planeando el siguiente libro, las recetas de navidad y seguramente el próximo año el siguiente libro.

Después la colección, el taller, etc.

De tal manera que está vendiendo más de una sola vez en vez de contentarse con tener un solo producto.

¿Qué otras formas les recomendarías tu a la gente para que explote en el buen sentido el Info-Marketing o Marketing de Productos de Información?

P: Probablemente algunos se dicen a sí mismos que no tienen ninguna capacidad o habilidad para hacer esto, pero lo que yo te digo es que te puedes convertir en un Caza-Talentos de Nichos de Mercado.

Puedes buscar gentes profesionales en las cuáles ya tengan una comunidad grande de seguidores en Facebook o comenzar con la inversa, buscar gente que ya tenga muchas visitas en su página web.

Y tú con lo que estas aprendiendo de marketing de respuesta directa, sobre la construcción de listas y lanzamientos de productos, te puedes convertir en un asesor, o un coach para este tipo de personas.

A: Cuando tú logras detectar a un tipo de profesionales con estas características, ¿Cómo te aproximas a esa persona para venderle la idea de que tú le puedes ofrecer los servicios de coaching o de caza-talentos?

¿Cómo haces ese proceso de venta para que sea más fácil?

P: Lo primero de ello es que tienes que tener algo. Tienes que tener una presencia o trayectoria mínima que te respalde y te de credibilidad.

Por ejemplo, tu página web, algún tipo de producto.

Si vas empezando es importante que hagas estos puntos previamente para que con base en esto puedas mostrárselo a un experto.

Ya sea que las primeras ocasiones lo puedas hacer bajo un esquema de ganancias en las cuáles de las ventas generadas se vayan a un cierto porcentaje para ambos.

Y lo importante es que estas construyendo una variedad de casos de estudio o testimoniales de éxito para ti.

Con estos testimonios después puedes cobrar muy bien por tus asesorías porque estas demostrando que generas buenos resultados más aparte un porcentaje determinado por las ventas de estos negocios de información.

A: Yo te felicito realmente, me gusta la frase mucho que utilizas de convertirse uno en el Caza-Talentos de Nichos de Mercado.

Es decir, no ser yo el experto exactamente para vender mis propios productos y servicios, si no buscar talentos.

Buscar personas que ya tienen seguidores, que lleguen a un nicho de mercado en concreto, a un nicho de mercado caliente, pero desafortunadamente no tienen idea de marketing, tú le das parte del marketing y ellos te dan acceso a ese nicho y a los productos en una situación de ganar-ganar.

Y estas haciendo una verdadera alianza estratégica poderosa.

¿Cuéntanos cuál es tu visión a futuro de tu negocio?

Y, ¿Qué es lo que ofreces actualmente al mercado?

Te podríamos llamar como **Pablo El Caza-Talentos Delgadillo.**

P: Gracias por el honor de que me hayas bautizado con ese nombre.

Prácticamente la visión que quiero compartirte hoy es que en internet se ha hablado mucho de los MEGA-NICHOS de mercado Salud, Dinero y Amor.

Pero hay un potencial más amplio fuera de estos MEGA-NICHOS.

Quiero abrirte los ojos que hay muchos nichos con bastante dinero oculto.

Si tú tienes una profesión o si te vuelves en un caza-talentos de nichos de mercado puedes llegar hacer una alianza no solo con uno si no con múltiples personas de distintos nichos de mercado y recibir ganancias residuales de la venta de todos estos productos.

Por lo tanto, creo que con esta estrategia puedes llegar a tener un gran estilo de vida.

Primero comienza con un nicho, posteriormente con el siguiente, pero también lo importante es cuando busques esa alianza es que la hagas a largo plazo.

Buscar una relación en el que puedas explotar al máximo esos nichos de mercado con atractivas ganancias.

Mi visión es que se va abrir la mente a más emprendedores, a profesionales acerca de los nichos de mercado.

Actualmente ofrezco servicios de implementación de manera personalizada para emprendedores en diversos nichos de mercado.

Si eres un autor, consultor, conferencista, coach, profesional independiente, speaker o capacitador considero que yo con mi experiencia te puedo ayudar.

O también te puedo ayudar si quieres explotar esa parte del caza-talentos de nichos de mercado.

Mis servicios de coaching los puedes ver más a detalle en http://PabloDelgadilloCortez.com.

A: Creo que ha sido una entrevista muy interesante compartiendo de un tema completamente nuevo.

Este tema del Caza-Talentos que es bastante rentable cómo nos lo ha mostrado Pablo.

Nos ha mostrado la importancia de los info-productos, la importancia del marketing de respuesta directa.

La importancia de saber en qué consiste el info-producto y saber cuáles son las diferentes variedades.

Nos mostró un caso de estudio de un CHEF, como lograron hacer un lanzamiento bastante exitoso en poco tiempo en un nicho de mercado que Pablo no es un experto.

Pero cómo a partir de una alianza estratégica de ganancia mutua se pudo llevar esto a un proyecto que muy seguramente va a crecer.

P: Gracias Álvaro. Espero con esta información abrir la mente al público respecto al potencial que hay en este momento en los nichos de mercado a través del internet.

Capítulo 5. Posiciónate Como Un Tigre En Tu Nicho de Mercado

¿Quién más quiere convertirse en un tigre en un nicho de mercado, ser el experto más reconocido y que gana más dinero?

Continúa leyendo para que aprendas cómo podrás convertirte en una celebridad y comandar los mejores honorarios dentro de tu industria.

Ya sea que seas un profesional independiente, doctor, abogado, social media mánager, experto en negocios por Internet, PNL, desarrollo personal, terapias alternativas, autor, consultor o conferencista; sea cual sea tu nicho de mercado, lo más importante es que más gente conozca tu mensaje.

La manera más práctica, rápida y sencilla en que tú lo puedes hacer a un bajo costo, es que te puedas convertir en un experto utilizando las plataformas que te provee el Internet como medio de apalancamiento publicitario.

El principal beneficio que te provee convertirte en un experto es que puedes alcanzar y generar mayores ganancias, mayor reconocimiento, fama, prestigio y liderazgo.

Generalmente las personas acuden a resolver sus problemas con los líderes, los especialistas, siguen consejos de personas que publican continuamente en sus blogs, salen en la radio, televisión, videos o con los que crean info-productos.

Si tu mensaje es compartido entre más personas, tu poder de influencia crecerá considerablemente con lo que podrás cobrar más dinero por tu conocimiento, pasión, hobby o la actividad en la que te dediques.

La gente va a saber que tú eres ese experto especialista que la gente está aclamando y va a pagar cualquier precio simplemente por estar contigo.

Al convertirte en un tigre también vas a alcanzar un mayor reconocimiento, lo cual te va a dar también más fama, vas a tener mejores contactos, vas a atraer clientes potenciales, también vas a atraer una cantidad de alianzas estratégicas de personas que estén interesadas también en promover tu producto o servicio, o también que sean personas que te traigan más clientes.

Al convertirte en un experto y al generar esas grandes ganancias que tanto estás buscando, podrás tener un mejor estilo de vida, una mayor tranquilidad financiera para tu familia y la satisfacción de hacer lo que más amas.

Pero, sobre todo, podrás impactar más vidas con tu mensaje, dejar huellas permanentes de ti mismo y transcender en la vida no importando el nicho de mercado en el que te encuentres.

Son muchos de los beneficios que te puede proveer convertirte en un tigre en tu nicho de mercado.

Algo que necesitas encontrar con prontitud es la guía de un mentor que te haga más fácil el camino, que haya enfrentado y superado los obstáculos para tener éxito.

Esa guía para ti será invaluable porque podrás modelar su éxito.

Debes de comenzar creyendo en ti mismo de que ya eres ese tigre tan aclamado, debes de sentirlo en todo tu cuerpo y que realmente lo puedes lograr.

Un hecho irrefutable es que las estrellas de Hollywood son las mejor pagadas a comparación de sus compañeros actores que tienen papeles secundarios en la televisión.

Si quieres ser exitoso en la vida y empezar tu camino de posicionamiento como experto, te recomiendo tomar acción masiva y hacer ajustes agresivos en tu camino para conquistar tus metas.

No importa que tu acción no sea perfecta; con que sea lo suficientemente buena, vas a estar en ese camino correcto para convertirte en un experto y atraer ingresos y cada vez más satisfacciones a tu vida.

Las estrategias que te voy a compartir a lo largo de este libro te van ayudar a crear una tribu de seguidores que sean fanáticos de tu mensaje y quieran estar muy cerca de ti.

Atrae Más Ingresos Posicionándote Como Un Tigre

Estamos bendecidos por las grandes oportunidades que nos provee el internet para construir negocios sólidos y altamente rentables.

Algo que te va interesar muchísimo para aumentar el flujo de ganancias, hacia ti, es que necesitas posicionarte como un tigre.

¿Qué significa posicionarme como un tigre?

Muy sencillo, posicionarte como un Experto o Líder en tu industria, o nicho de mercado.

La gente sigue las recomendaciones de los líderes.

Los líderes convencen, y cautivan a las masas.

Si cautivas a la gente, con tu personaje, vas a vender más fácilmente tus productos y servicios.

¿Quieres posicionarte como un tigre en un nicho de mercado para disfrutar de múltiples beneficios cómo?

- Dinero
- Reconocimiento
- Fama
- Calidad y estilo de vida

Atraer clientes que valoran tu conocimiento, producto o servicio y están dispuestos a pagar al precio que tú les pidas.
- Dejar un legado importante
- Atraer mejores alianzas estratégicas.
- Prestigio personal
- Libertad financiera

Para convertirte en un tigre en tu nicho de mercado que atraiga los altos ingresos de tus clientes en lugar de que busquen a la competencia, tienes que seguir una serie de pasos importantes que te van ayudar a lograrlo.

Convertirte en un tigre significa ser percibido como un experto o la autoridad más importante en tu industria.

Más importante que seas un experto en tu nicho de mercado, es lograr que tu público objetivo perciba de una manera poderosa que tú eres a quién deben acudir.

La forma más rápida y segura para lograr este posicionamiento como un tigre es transformándote en una celebridad.

Gracias a las plataformas que te provee el internet puedes construir tu plataforma de celebridad.

Algo importante que debes de tomar en cuenta para la construcción de tu plataforma de celebridad es contar con una estrategia que se convierta en el corazón de tu negocio.

En este capítulo te voy a dar tanto las estrategias como el mapa completo de acción para tu caso en particular para que puedas adaptarlo perfectamente a las actividades que desarrolles.

Si eres consistente y perseverante te auguro muy buenos resultados.

Lo mejor de todo es que estas estrategias me han funcionado a mí y a miles de emprendedores en todo el mundo para catapultar sus carreras más rápidamente.

Solo toma acción y transforma tu vida.

Construye Tu Personaje Y Cuenta Tu Historia

En un negocio por internet, la gente no compra tu producto o servicio, por lo bonito que son tus gráficos o por el diseño de tu página.

La gente le compra, más fácilmente, al "Tigre", que creó el producto.

Vivir el personaje del "Tigre", significa comportarte como un líder, ser una persona de influencia en tu industria.

Pero… ¿Cómo puedo construir el personaje de "Tigre"?

Tan sencillo, cómo seguir los siguientes pasos:

Realiza entrevistas a los expertos. Tómate una foto con él o los especialistas en tu nicho de mercado.

Muestra tu personaje de "Tigre" en tus comunicaciones con tu lista: (videos, carta de ventas, emails, artículos, entrevistas).

Asiste a conferencias o seminarios que los expertos ofrezcan, y al concluir la misma, tómate fotos con ellos.

Encuentra un posicionamiento diferenciador, en tu nicho de mercado, y comunícalo. (Por ejemplo, en mi caso, el posicionamiento diferenciador es: Autoridad Internacional en Marketing Digital)

Contar tu historia sirve para conectar o enganchar a tus seguidores, hacia ti, para que estén al pendiente de tus actividades.

Lo Más Importante A La Hora De Contar Tu Historia

Debes considerar los siguientes puntos, siempre, al momento de contar tu historia, de dar a conocer, cómo te forjaste como "Tigre", por tanto, presta atención y, sobre todo, pon en práctica lo siguiente:

- Menciona siempre los obstáculos a los que te enfrentaste.
- Cuenta cómo resolviste dichas barreras.
- Expón algún puente de conexión entre el prospecto y el "Tigre" (Situaciones, emociones, frustraciones, metas, sueños en común)
- Da a conocer, los resultados que has alcanzado hasta la fecha.
- Prepara tu Estrategia Masiva de Posicionamiento

Para convertirte en un "Tigre", tienes que gritar a los 4 vientos, que los eres.

Es fundamental que el primero en creerse ese personaje seas tú, de esta manera podrás demostrar confianza a través de los diferentes medios, en los que te vayas a comunicar.

Los distintos medios, en los que es recomendable que te posiciones son:

- Teleseminarios.
- Artículos.
- Videos.

- Entrevistas de Radio.
- Seminarios, Talleres y Convenciones.
- Medios Impresos (Revistas, Periódicos, Gacetas)

Agenda en tu calendario, cuándo vas a realizar, algunas de estas actividades:

Un ejemplo podría ser el siguiente:

Lunes: Escribir Un Artículo: "Atrae Más Ingresos Posicionándote Como Un Tigre" (Tiempo aproximado, 1 hora entre escribirlo, y publicarlo en el blog)

Martes: Realizar 2 teleseminarios:

*Para la lista de una alianza estratégica (60 minutos)
*Para mi propia lista de suscriptores (60 minutos)

Miércoles: Grabar un video y mandar a editarlo (80 minutos)

Jueves: Asistir a un seminario en mi ciudad, tomarme fotos con el ponente, y publicarlo todo el material en los medios sociales.

Viernes: Grabar una entrevista con un experto en mi nicho de mercado (30 minutos)

La clave es la repetición, la preparación, pero, sobre todo, tomar acción y ser constante con la estrategia.

Creando Productos y Servicios Continuamente

Hay una estadística cruel, pero real, que dice:

"Si no tienes presencia en internet, por lo menos en 6 meses, la gente tiende a olvidar tu nombre"

Por ello es muy importante que te mantengas activo a través de la creación de productos y servicios de alto valor, para tus prospectos o realizando actividades que te posicionen como un "Tigre".

Creando Valor a Través de Resultados

Los resultados que tus prospectos o clientes logren con tu información serán, sin duda, el puente para atraer mayores ingresos hacia ti, porque tu sistema está funcionando y estas personas serán las encargadas, de difundir tu mensaje.

Una persona satisfecha te puede atraer hasta 2 personas más, en tu embudo de ventas.

Siempre procura que lo que estés ofreciendo sea de alto valor y que de resultados.

Comunica los resultados de tus clientes con tu lista, frecuentemente, para que se den cuenta, por sí mismos, que están en frente de una persona que provee altos beneficios para ellos.

Dan Kennedy, un "Tigre" en el marketing de respuesta directa, cobra por el servicio de consultoría, 1-1, aproximadamente $ 5000 dólares.

¡Wow!

Hay gente que paga contenta, y créeme, hacen fila para hablar con él, porque ha demostrado ser un "Tigre", y su conocimiento provee resultados.

Ciertamente Dan Kennedy puede cobrar eso, porque ha construido un personaje de alta influencia en la industria, pero tú también lo podrías hacer, si construyes el personaje adecuado, Dan empezó como tú y como yo, desde cero, y mira donde está. Tú también lo puedes hacer.

Seleccionando Nichos de Mercado

Este paso es crucial porque define tu estrategia central de negocios.

Tienes que seleccionar correctamente el nicho de mercado en el cual te quieres enfocar, que se adecue sobre todo a tu personalidad y a tu estilo de vida.

Por ejemplo, mi nicho de mercado son las personas interesadas en transformar su vida gracias al info-marketing.

El info-marketing son estrategias diferentes, en las cuales tú puedes compartir tu conocimiento y generar un gran negocio lucrativo a través de vender tu conocimiento y tu enseñanza a otras personas, como lo pueden ser los autores, los coaches, los consultores o profesionales independientes.

También como pueden ser los abogados, médicos, otros especialistas en la salud, contadores, que quieran crear un producto de información para generar múltiples fuentes de ingresos y que también eso los ayude a traer prospectos calificados.

Entonces, tú debes diseñar, sobre todo, cuál es ese nicho de mercado en el cual te quieres enfocar. Probablemente, en este momento quieres potencializar ese negocio que estás desarrollando actualmente y eso está perfecto.

Lo único es que debes encontrar ese punto de inflexión en el cual sientes que tu mensaje va a ser muy diferente y que te puede separar del ruido de la competencia y del ruido que hay dentro de internet.

Si bien el Internet tiene ese gran potencial en el cual a bajos costos tú puedes compartir tu mensaje, es muy importante que seas una persona transparente, que seas una persona que hagas que esos clientes potenciales confíen en ti.

La única forma en que tú lo vas a poder lograr es siendo realmente la mejor versión de ti mismo.

Si quieres conseguir el éxito en cualquier actividad, en esa experticia en la que te quieres posicionar como experto o tigre, debes encontrar cuál es tu verdadera motivación.

Si tú sientes dentro de tu corazón ese porqué y esa verdadera motivación, realmente el cielo va a ser el límite y, con tu pasión y con tu acción, realmente estoy seguro de que puedes lograr cosas muy importantes.

Me encantará que esta información que estoy compartiendo contigo sea un catalizador, un impulsor para que puedas transformar radicalmente tu vida, que tengas mejores ingresos y una mejor calidad de vida y que puedas dedicarle más tiempo a tus verdaderas pasiones.

Si en este momento no sabes en que enfocarte y te interesa el modelo integral de negocios del marketing por internet e incursionar en este mercado, te recomiendo que elijas un área en la que te quieras diferenciar.

Por ejemplo, algunas áreas potenciales son: redes sociales, email marketing, publicidad persuasiva, coaching, lanzamiento de info-productos, seo, tráfico pago, video-marketing y otras más.

Así que empieza escribiendo en tu cuaderno de anotaciones cuál es el nicho de mercado en el que te quieres enfocar y que te va a dar las bases para generar atractivos ingresos.

Escribe también las características de tu personalidad y como estas pueden influir positivamente en la vida de otras personas.

Algo muy importante es que redactes como te gustaría que fuera tu estilo de vida ideal, qué harías en ese momento en el que el dinero no fuera un obstáculo en tu vida, con quién conversarías, con quién pasarías tu tiempo.

Este pequeño ejercicio realmente te va a dar mucho poder, enfoque y concentración.

Te voy a poner mi ejemplo personal.

Mi personalidad es ser una persona joven, emprendedora, pero sobre todo lo que más me ha caracterizado en mis emprendimientos, estudios y carrera como atleta profesional es la garra, el empuje y el enfoque en ser lo mejor que hay dentro de mí.

El empuje es esa energía emprendedora que como torbellino salta los obstáculos y se mantiene en constante movimiento para llegar hacia las metas trazadas.

El empuje te mantiene firme en tiempos difíciles y da fuerza a tu corazón y emprendimientos.

Ese es mi propio estilo: siempre darte lo mejor de mí en un formato práctico, en un formato sencillo y, sobre todo, agradable y ameno, en el cual también puedas disfrutar esta información.

¿Cuál es el estilo de vida que te encantaría?

Puedes definir cuál es tu propio estilo de vida.

Hacer negocios desde la comodidad del hogar cómo yo lo estoy haciendo en este momento, sin prisas, jefes, horarios.

O también viajar por todo el mundo y compartir tu mensaje, servir a tus clientes o combinar los negocios físicos con los online.

En mi caso prefiero que la mayoría de mis proyectos los realice desde mi hogar alternando mi tiempo también en otros lugares como restaurantes, cafés y lugares que me encuentre de viaje.

Sin límites geográficos con solo un computador y conexión a internet.

Esa movilidad y tranquilidad es la que yo quiero disfrutar constantemente.

Sin embargo, hay personas que prefieren tener su propia oficina con empleados y eso también está perfecto.

Lo importante es que definas cuál es el estilo de vida ideal.

Probablemente muchas personas se inspiren con este libro a cambiar sus vidas, aumentar sus ingresos o haya personas que simplemente estén buscando una entrada de dinero extra desde el hogar.

Sea cual sea tu situación, yo te motivo a que sigas adelante y que selecciones y encuentres ese nicho de mercado que sea afín a tu personalidad y estilo de vida.

Es muy importante que te conviertas en un imán, en un magneto de atracción con tu presencia, marca, contenidos y forma de ser.

Posicionamiento Diferenciador

El posicionamiento diferenciador es lo que te va a separar del ruido de toda competencia.

Quiero hacerte una pregunta y sobre todo respóndetela de la manera más sincera posible.

Entre tanto ruido, entre tantas oportunidades que tienes en este momento y opciones para hacer negocio:

¿Cómo puedes prosperar en esta nueva economía donde el Internet es una gran fuente de apalancamiento?

Si no logras diferenciarte del ruido, puedes pasar completamente desapercibido.

Es muy probable que, a estas alturas, hayas navegado y probado entre tantas opciones de negocios o un poco confundido respecto a tu negocio actual sobre como potenciarlo con internet.

Sea cual sea la actividad en la cual te estés enfocando en este momento, lo primero es enfocarte en tu nicho de mercado y tu modelo de negocios para que gradualmente puedas obtener los mejores resultados.

Posteriormente crear un plan de acción que puedas compartir con un consejo directivo o un grupo de mastermind que será tu apoyo continuo.

Ese grupo de mastermind lo puedes crear con varias personas con pensamientos parecidos, negocios similares y que juntos crezcan.

Pueden compartir las estrategias que más les han funcionado y contar sobre sus fracasos para que los otros miembros no los cometan.

También puedes invertir en un MENTOR que te guíe en un camino más rápido hacia tus objetivos.

Si no tienes modelo de negocio en este momento, puedes adoptar el que te comparto en este libro que es el Info-Marketing

El Info-Marketing, en términos sencillos, es ofrecer soluciones a los problemas de las personas en un formato digital.

Ese formato puede ser a través de reportes electrónicos en PDF, entrenamientos especializados en video, pueden ser audios teleseminarios o programas de coaching.

También están los sistemas de membresía donde tienes una comunidad continua que paga por tus servicios y esto a su vez te genera mayor estabilidad económica.

Otras fuentes de ingresos adicionales que puedes incorporar dentro de tu flujo de ingresos son los mastermind grupales y los programas de coaching uno a uno.

Generalmente estos últimos tienen unos precios más altos por el nivel de cercanía del mentor con sus clientes.

No tengas miedo de cobrar altos precios por tu conocimiento.

Hay gente que va estar dispuesto a pagar siempre y cuando te hayas posicionado previamente como un experto y tu contenido genere resultados positivos.

La ventaja que te provee este modelo de negocios es que hay mucha gente afuera dispuesta a pagar por tu conocimiento, siempre y cuando seas una verdadera solución a sus problemas.

Gente reconocida en el marketing de respuesta directa como Dan Kennedy y Bill Glazer fundadores de GKIC, dicen que realmente nosotros estamos en el negocio de las aspirinas.

Sí, claro, puede sonar un poco chistoso, nunca lo habrías tomado desde esa óptica de los negocios.

¿Por qué estamos en el negocio de las aspirinas?

Porque nuestros clientes tienen grandes dolores de cabeza, tienen problemas personales, tienen frustraciones, y nosotros les vamos a dar esa aspirina gigante que les va a ayudar a resolver sus problemas.

Entre más grande sea nuestra aspirina y les ayude a resolver más rápido sus problemas, nuestro negocio en esta nueva economía, va a prosperar de una manera increíble.

Al posicionarte como experto en tu nicho de mercado, la mejor torta del pastel va fluir hacia ti.

Sea cual sea tu caso, lo que te va a diferenciar y lo que te va a hacer ganar más dinero es precisamente poner en práctica esa especialización.

Ahora vamos con los tres ejemplos prácticos que te pueden ilustrar esta situación.

En el ejemplo número uno tenemos el marketing online.

El marketing online es un mercado con una fuerte tendencia de compra. Hay personas adictas que prácticamente compran toda la nueva información, plug-ins, conocimiento, técnicas, software, membresías, porque quieren estar a la vanguardia.

Son gente adicta y, entre ellos, yo me incluyo como adicto a tener información que realmente resuelva una problemática específica sobre cómo ganar más dinero o probablemente que resuelva algún problema técnico.

Si bien es cierto que hay mucha competencia, tú puedes triunfar.

Tú puedes posicionarte y convertirte en una celebridad en esta gran torta del pastel del marketing online si te posicionas como un especialista en una materia y lo puedes transformar en una estrategia de negocios que puedas publicar en los distintos sitios online.

No es lo mismo que tu mercado sepa que te dedicas a los negocios online, a que en tus mensajes de marketing comuniques:

"Yo me dedico, yo soy un especialista en la creación de blogs optimizados para atraer suscriptores".

Eso te da una mayor especialización y posicionamiento:

"Especialista en creación de blogs optimizados para atraer suscriptores".

Puedes elegir tu propia especialización.

En este ejemplo es un mensaje más específico, porque resuelve un problema en concreto. Cuando la gente piense en atraer suscriptores mediante un blog, si tú haces el trabajo de posicionamiento correcto, la gente va a pensar en ti. Por lo tanto, debes ser consistente con tu mensaje de marketing, con tus contenidos, en tu comunicación, en los medios sociales.

No te abrumes con todo lo que te estoy compartiendo. Lo importante es que poco a poco y rápidamente —esa es la clave— vayas diseñando ese plan de acción que te va a ayudar a tener grandes y mejores resultados.

Un ejemplo número 2 son los social media managers, que cada vez se están volviendo un campo de negocios imprescindible, porque mucha de la gente necesita social managers en sus negocios que les sepan administrar de una manera eficiente los sitios sociales y, sobre todo, que les ayuden a tener resultados y ganancias.

Si tú, por ejemplo, eres un social media manager, un posicionamiento diferenciador más específico sería en tu caso:

"Yo soy un estratega en sistemas de marketing en redes sociales para restaurantes", que son en este caso el tipo de negocios al que más vas a poder atraer.

Si estos restaurantes te perciben como un verdadero especialista, de paso puedes cobrar más dinero por tu conocimiento y por tus estrategias.

Como te he comentado, el especialista, el líder en el mercado en la industria, es el que comanda los honorarios más altos.

Ahora bien, por ejemplo, si tú eres un diseñador gráfico, la parte del diseño es muy importante, porque es la parte estética de los procesos de marketing dentro y fuera de Internet.

El diseño comunica ideas mediante una representación gráfica. Ser diseñador gráfico es muy general y es muy poco probable que la gente pague altos precios si solamente eres un diseñador gráfico.

Pero sí en cambio te empiezas a posicionar, por ejemplo, como un diseñador gráfico especialista en campañas políticas, tendrás un mercado más propenso a invertir en lo que tienes que ofrecer.

Son gente que tiene dinero y que estará muy contenta de que le hagas un buen servicio de diseño gráfico, que en este caso son los políticos.

Así que piensa en cuál es ese posicionamiento diferenciador.

Otros ejemplos pueden ser: por ejemplo, si tú eres un médico y te dedicas a las terapias alternativas, puedes ser un médico especialista en terapias alternativas para empresarios estresados que quieren recuperar su salud para ser más productivos en sus negocios.

Siempre piensa en los beneficios que tú les puedas dar a tus posibles prospectos, clientes, en una relación de ganar.

Sobre todo, piensa que tu producto o tu servicio puedan dar esa sobre-entrega, que gracias a tu producto o tu servicio las personas puedan llegar a recibir diez veces más de lo que tú le estás cobrando.

Encuentra ese posicionamiento diferenciador y defínelo.

Lo puedes definir por ejemplo en unas ocho palabras, que sea algo claro, entendible y que tenga todos los elementos por los cuales tus prospectos y clientes potenciales se sientan atraídos por tu posicionamiento.

Capítulo 6: Transformando Tu Conocimiento En Dinero

Amigo emprendedor o empresario del conocimiento, déjame decirte algo muy importante:

Tu conocimiento vale oro y tiene el poder de transformar la vida de las personas.

El valor de tu conocimiento radica en la experiencia que has venido adquiriendo a lo largo de los años, a través de prueba y error.

A través de los aciertos y desaciertos.

Si por ejemplo eres un conferencista que recién vas comenzando tu carrera, pero te has preparado bastante para comunicar de una manera más poderosa tu mensaje, tienes los elementos suficientes para transformar la vida de otra persona a través del poder de la palabra.

Tu conocimiento vale oro, no tengas miedo de cobrar muy bien por tu conocimiento, conferencias, cursos, coaching o servicios que ofrezcas al mercado.

Empodérate, cree en ti, de esa forma vas a tener una mejor postura frente a tus posibles clientes o gente que está dispuesta a pagar por tu conocimiento.

Mi principal recomendación es que solamente aceptes dentro de tus programas de coaching personalizados a gente que realmente valora tu trabajo, sabe del poder transformador que tienes entre tus manos y con una mentalidad positiva.

Tu tiempo vale oro, así que no pierdas tu tiempo en el cliente que no valora o siente que tu precio es más elevado.

Es más elevado no tomar acción y tener los resultados que podría lograr contigo.

Es más elevado perder ese tiempo precioso que en lugar de dedicarlo a clientes quejosos, lo podrías estar disfrutando mucho mejor en un hobby o con tu familia.

<u>Recuerda que tu conocimiento vale ORO.</u>

Cómo Transformar Tu Conocimiento en Dinero

Transformar tu conocimiento en una máquina de ganar dinero es algo que puedes lograr actualmente aprovechando las plataformas que internet te brinda.

El internet es un medio muy poderoso para atraer gente que te siga y que puedas inspirar con tu conocimiento. Si tienes un corazón correcto y una pasión por servir y bendecir a otros, desarrollarás un liderazgo incalculable y el internet puede ser la plataforma que te catapulte al éxito.

Uno de mis propósitos es inspirar a más personas a que den su máximo esfuerzo para cumplir sus sueños.

Me encanta proveer contenido que sea inmediatamente aplicable.

Esa es mi promesa el día de hoy, sé que tu un líder inteligente lo pondrás en práctica para tu propio beneficio.

Comencemos…

Estrategia # 1.- Videos

Este año y hasta finales del 2020, el video apunta que será el **REY del INTERNET** por la sencilla razón que el Video es más entretenido y tiene un alto poder **PERSUASIVO.**

Gracias a los dispositivos móviles y a las tabletas, cada vez más gente consume información en VIDEO y tú puedes aprovechar esta TENDENCIA creando contenido de valor en video que te posicione como experto en tu materia.

Por ejemplo, si tú eres un Contador puedes empezar a grabar videos que ayuden a las personas a reducir hasta un 30% su declaración de impuestos.

O si eres una persona experta en crear páginas web graba videos que enseñen a las personas "Como generar más tráfico a tu página web".

La gente está buscando contenido práctico, aplicable y orientado a resultados.

La clave de esta estrategia es la constancia, la selección del tema y la creatividad a la hora de grabar videos. Empieza con lo básico, pero en el proceso busca generar videos más creativos y sorprendentes.

Estrategia # 2 Teleseminarios.

Un Tele-seminario conecta increíblemente con tu audiencia.

Si estas ofreciendo un producto o servicio, este es un medio que te va ayudar en el corto, mediano o largo plazo a incrementar tus ventas y tu posicionamiento como experto.

Un esquema básico de un Teleseminario que vende es el siguiente:

A)   Historia Personal Que Conecta Con La Audiencia
B)   Posicionamiento Como Experto
C)   Introducción Al Tema
D)   Contenido Práctico y Aplicable
E)   Muestras de Tu Producto o Testimonios
F)   Oferta Irresistible de Única Vez.

Estrategia # 3 Artículos

Aunque no seas una persona hábil para escribir artículos, es un medio más que te permite generar confianza, credibilidad y liderazgo.

Un ejercicio simple que te va ayudar a transformar tu conocimiento fácilmente en palabras, es que te grabes porque cuando conversas es más factible que te fluyan las ideas. En mi caso yo utilizo mi IPOD para grabarme en los momentos de inspiración y posteriormente transcribo el texto grabado.

Esto me permite ahorrar tiempo, dinero y esfuerzo.

Los artículos los puedes publicar tanto en tu propio blog, como en directorios de artículos o en otros blogs de colegas que hablen de la misma temática que tú manejas.

<u>Estrategia #4 Entrevistas Con Expertos</u>

Es algo que yo hago con mucha frecuencia, he creado productos basados en entrevistas a expertos y es algo que te recomiendo que hagas.

Entre algunos beneficios:

A) Transferencia de poder y liderazgo.
B) Percepción de Liderazgo ante tu audiencia.
C) Creas una relación con el experto.
D) Aprendes sus secretos, estrategias y claves de su éxito en su experticia.
E) Brindas Valor a tu audiencia.

Puedes encontrar algunas entrevistas con expertos y sus secretos para crear riqueza duradera en mi sitio web.

http://PabloDelgadilloCortez.com

<u>Estrategia # 5 Crea Tu Producto y Gana Dinero.</u>

Si tienes la experticia en tu ramo, si la gente te posiciona como un líder en tu materia y tienes una cantidad de seguidores... ¿porque no brindarles tu conocimiento en forma de un producto digital?

Muchas veces lo que es gratis no se valora.

La ventaja de crear productos para ti es que generas ingresos en algo que te apasiona, y la persona que compra de ti, si lo pone en acción puede obtener resultados más rápidos.

Y esos testimonios te ayudan a seguir vendiendo tu producto digital.

Los mejores formatos y de mayor valor percibido son entrenamientos grabados en video con una mezcla de teleseminarios en vivo.

Incluso puedes tener un activo en internet que te siga produciendo dinero sin tu presencia.

Te invito a que, si deseas saber más de mí, me encuentres en **http://PabloDelgadilloCortez.com** tengo un gran obsequio para ti esperándote.

Convirtiendo Tú Esfuerzo en Mas Ganancias

Existen 3 elementos en tu negocio por internet que, si tienes una estrategia bien definida, te pueden ayudar a incrementar las ganancias.

Más Prospectos: El objetivo de tu página web que es donde se centraliza tu negocio por internet, es atraer la mayor cantidad de prospectos calificados interesados en tu propuesta de ventas.

Mas Prospectos = Más Dinero

¿Cómo Atraer A Prospectos Calificados?

Sencillamente agregando formularios de captura que den algo a cambio al visitante.

Por ejemplo, en mi sitio yo ofrezco:

7 Entrevistas Confidenciales Para Crear Riqueza Duradera.

El 90% de todo tipo de negocios como: abogados, médicos, contadores, conferencistas, bienes raíces, incluso agencias de publicidad están tirando dinero a la basura todos los meses.

Sencillamente porque no cuentan con un sistema de captura que enganche la atención de los visitantes y cree una relación de confianza, prestigio, autoridad y posicionamiento como experto.

¿Cómo Atraer Más Prospectos?

- Video-Marketing
- Optimización y Posicionamiento SEO
- Alianzas Estratégicas
- Generación de Contenido
- Integración de Publicidad Local
- Publicidad Pagada

¿Cómo Medir Mis Resultados?

La razón principal por la que me gusta implementar estrategias de marketing online en los negocios, es porque podemos medir los resultados.

Para medir el incremento en el número de prospectos y visitantes mes a mes contamos con 2 herramientas muy poderosas.

Google Analytics: Nos provee datos como cantidad de visitas mensuales, fuentes de tráfico, páginas con mayores vistas, cantidad de visitas por medio de las redes sociales, palabras claves por las que somos buscados, países, tiempo en la página, visitas en los móviles y más.

Estadísticas del Autoresponder: Número de prospectos nuevos, porcentaje de conversión entre visitantes vs suscriptores.

Más Clientes: Para obtener más clientes es importante tener en cuenta varios detalles.

1) <u>Selección correcta del Nicho de Mercado.</u> Que tan específico es y que realmente nuestro producto o servicio sea la solución real a los problemas de nuestro público.

2) <u>Investigación del Nicho</u>: Saber realmente cuáles son las principales necesidades de los suscriptores a través de encuestas, correos que nos manden y comentarios en nuestros diversos contenidos.

3) <u>Crear Relación y Aportar Valor.</u> Si nos enfocamos constantemente en crear una relación con nuestros suscriptores a través de la generación de contenido de alto valor a través de artículos, audios, videos, teleseminarios contaremos con una lista más responsiva a las ofertas.

4) <u>Ofertas y Promociones Especiales.</u> Aquí es donde interviene aplicar el marketing. Combinar en una campaña de marketing diversos elementos que ayudan a las personas a tomar una decisión de compra. Elementos de urgencia, escasez, principios de influencia y persuasión como: (reciprocidad, prueba Social, confianza, congruencia, resultados).

Más Ventas: En el marketing hay un dicho que dice que es más fácil venderle a un cliente que a un prospecto nuevo.

Sencillamente por la razón que esta persona ya depositó su confianza, saco la billetera o la tarjeta de crédito y compro de nosotros previamente.

Por ello es importante seguir creando una relación con los clientes porque realmente serán los responsables de construir un verdadero imperio.

Para fomentar más ventas en un cliente existen diversas estrategias.

- Membresías Exclusivas Para Clientes.
- Descuentos Especiales de Nuevos Productos.
- Ofertas de Única Vez.
- Promociones Cruzadas.

El Dinero Esta en la Lista – La Carnada Gratuita

"El Dinero Esta En La Lista"

¿Cuál Dinero?

¿Cuál Lista?

Si bien esa es una frase muy conocida para los que realizamos negocios por Internet. Fuera de Internet es algo muy desconocido.

Muchas empresas que tienen sitios web, te podría decir que aproximadamente el 99% de ello desconocen la importancia de contar con un formulario de captura para tener prospectos dentro de su embudo de ventas.

Y el error crucial de ello, es que están perdiendo mucho dinero por internet por el solo hecho de agregar ese simple detalle: **El Formulario de Captura.**

Sin embargo, el formulario es tan solo uno de los elementos que debe tener tu página web para iniciar el proceso de la venta.

Hay muchos factores que influyen...

En este capítulo me quiero concentrar en la importancia de la **Carnada Gratuita** para lograr que desconocidos, simples visitantes que pasan por tu página, los conviertas en prospectos potenciales.

Importancia De La Carnada Gratuita.

Imagina el siguiente escenario.

Pedro que es Dueño de una Tienda de Mascotas, ha escuchado el potencial que tiene internet.

Entonces contrata a una empresa prestigiada de la ciudad en páginas web, muy elegante con animación en flash.

Hasta el momento todo perfecto, pero luego de unos meses se da cuenta que no obtiene ingresos por medio de la página web. (Se siente hasta cierto punto estafado y desconfianza de internet)

La realidad es que una página web tan solo es un elemento de la ecuación, pero la culpa tampoco la tiene la empresa de sitios web, porque ellos hacen su trabajo para los que fueron contratados.

"Una Página Web Elegante Con Animaciones".

Eso en internet no vende.

¿Cómo?

El 99% de las personas que visitan una página web no vuelve por segunda vez, a menos que hayan dejado sus datos previamente.

Como empresario o como director del departamento de marketing tu labor es crear una relación con los nuevos prospectos que vas atrayendo a través de internet.

La Importancia De La Carnada Gratuita radica es que es el ancla para seducir a tus visitantes a dejar tus datos.

Sin carnada gratuita probablemente tendrás suscriptores, pero quizás podrías tener el doble o el triple al crear una carnada seductora.

Ejemplo:

La Tienda de Mascotas en un mes logra tener 1000 visitantes al mes en su sitio web. Sin formulario de captura y sin carnada gratuita, probablemente alcanzarías 10 personas que regrese de nuevo a tu sitio.

Con formulario de Captura probablemente estaría teniendo alrededor de 100 suscriptores y con carnada gratuita sobre los 250, 300 suscriptores.

¿Cuál Es la Diferencia Entre 10 visitantes a 300 suscriptores?

¡Brutal!

Te das cuenta porque hasta el momento no has vendido por internet con tu empresa.

Mi intención con esta información es que vayas entendiendo el juego de la mercadotecnia de respuesta directa implementada en el internet.

No te vayas con la finta de lo que otras empresas están haciendo, investiga primero, crea tu estrategia particular, mide tus resultados y comienza a implementar la **carnada gratuita** dentro de tus sitios web.

¿Puedo Implementar La Carnada Gratuita Fuera De Internet?

Sí, pero debes de crear valor antes de pedir los datos de tus clientes o prospectos que te piden información respecto a tu negocio.

Por ejemplo, si un dentista tiene pacientes a su consultorio.

Dentro de su estrategia les podría pedir su correo y a cambio regalarles:

Un Video-Entrenamiento: "Los Secretos de Marco Antonio Regil para tener Una Sonrisa de Espectáculo en apenas 10 minutos diarios"

Claves Para Que tu Carnada Gratuita Sea Poderosa

-Evoque beneficios
-Resuelva una necesidad.
-Tenga una relación con tu oferta
-Contenga palabras que capturen la atención: Nuevo, Gratis, Revelado, Atención, Secreto, Estrategia, etc.

Este conocimiento si lo conviertes en acción podrás añadir más dinero a tu bolsillo.

El Dinero Esta En La Lista: Convirtiendo Un Desconocido en un Cliente.

Imagina la siguiente historia de Tomy y Miguel.

Tomy es un vendedor de seguros de la empresa ABC.

Miguel es un gerente corporativo de una multinacional.

Los 2 se encuentran en una fiesta.

Miguel se encuentra en la lista de prospectos potenciales de Tomy.

Tomy piensa: "<u>Es la Oportunidad Perfecta Para Ofrecerle Un Seguro</u>".

El diálogo se torna de la siguiente manera.

Tomy- Hola Miguel mucho gusto mi nombre es Tomy soy de la empresa ABC y ofrezco un espectacular seguro en contra de accidente que te va proteger a ti y a tu familia.

Blah, blah, blah.

Entre los beneficios se encuentran....

Miguel- No gracias, en este momento no estoy buscando ningún seguro.

Tomy- Pero deberías checar esto seguros, incluso tienes una versión de prueba gratis.

La conversación se torna en un clima tenso.

No hay sintonía en el ambiente.

Tomy se está esforzando en vender y Miguel está poniendo bloqueos en la conversación rechazando la propuesta.

¿Qué Pasa?

Tomy se olvidó de crear una relación con Miguel previamente, de detectar sus necesidades, escucharlo y compartir experiencias.

Lo que hubiera hecho Tomy para crear una relación, es al final de la fiesta o la conversación, cuando se hubiera dado la oportunidad, hacer un intercambio de tarjetas y así obtener el email de Miguel.

He visto como muchas empresas, al igual que Tomy, cometen el error de vender, vender, vender antes de crear una relación.

Incluso en los medios sociales como Facebook, veo que el 90% de la temática de las pymes es promociones, ofertas, descuentos y no se preocupan por crear una relación.

Lo mismo pasa en los sitios web.

Por ello la importancia de contar con un formulario de captura y posteriormente generar una relación de confianza, credibilidad y posicionamiento.

Por Ejemplo, si tu empresa ofrece servicios de entretenimiento mediante la renta de bicicletas.

La mejor opción para persuadir a tus prospectos, que deseen ir y consumir de tu servicio es:

- Mediante la Generación de Valor y Contenido Periódico.

Formas de Generar Una Relación Para Convertir un Desconocido en Un Cliente.

- <u>Videos:</u> Siguiendo el mismo ejemplo imagina que publicas en tus sitios sociales y página web, 3 consejos para bajar de peso en 30 días mediante el paseo en bicicleta.

Estás educando a tu prospecto y subconscientemente estas generando ese deseo.

-<u>Email Marketing:</u> La forma más poderosa para generar esa relación es mediante el correo electrónico.

Frank Kern Un Marketero del mercado anglo que generó más de 10 millones de dólares en 24 horas, muy reconocido comenta la fórmula:

Contenido, Contenido, Contenido, Venta.

Esto quiere decir que, de cada 4 correos, 3 deberías ser de contenido que aporte valor a tus prospectos y uno de venta.

Tengo un amigo marketero en el mercado hispano que tiene su fórmula propia:

Contenido, Venta, Contenido, Venta.

En sus correos te ofrece muy buen contenido y siempre te vende.

Su nombre es "Heliosaki". Helio Laguna.

Se preocupa de ofrecer contenido y de forma sutil te engancha a que compres sus productos.

Mi recomendación es que pruebes ambos enfoques y adaptes una estrategia de email marketing a tu situación en particular.

Los Beneficios del Millonario Negocio del Info-Marketing

Los principales beneficios del **INFO-MARKETING** son:

-Ser el dueño de tu Vida
-**MEJORAR TU CALIDAD DE VIDA**
-Generar ingresos residuales. (Ingresos que no requieren de tu presencia física)
-Convertirte en una celebridad en tu nicho de mercado
-Generar ingresos desde la comodidad de tu hogar.
-No requerir grandes inversiones de dinero.
-Disfrutar de tener más tiempo libre con tu familia.
-Conquistar un prestigio personal para sentir una gran satisfacción.
-Tener seguridad financiera para la vejez.
-Impactar positivamente en la vida de otras personas.
-Ahorrar futuras preocupaciones financieras en tu vida.
-Obtener ingresos haciendo lo que te gusta hacer.
-Poder vivir tranquilo y alejado de deudas.
-Lograr atraer gente interesada en tu conocimiento, pasión o hobby.
-Potencial ilimitado de ganancias.
-Optimizar inteligentemente tu esfuerzo en la construcción de tu negocio con el conocimiento, sistemas, mentores y tecnología adecuada.
-Y más...

¿Cómo Mejorar Mi Calidad de Vida Con El Millonario Negocio del Info-Marketing?

Lo principal es tener la mentalidad adecuada para alinearte con el éxito y la prosperidad.

Creer en ti mismo que lo puedes lograr.

Tener la mentalidad adecuada en todo caso te va ayudar a tomar acción masiva y positiva para lograr tus objetivos de libertad financiera a través del **INFO-MARKETING**.

El **INFO-MARKETING** es un sistema de ganancias a través de la venta de un material digital: reporte, serie de audios, videos, DVDS o teleseminarios.

El material digital resuelve las necesidades, problemas, obstáculos o frustraciones de un público objetivo en particular.

Si no te consideras experto en un tema y te apasiona ganar dinero desde tu casa te recomiendo que identifiques nichos de mercado rentables.

Con nichos de mercado rentables me refiero a segmentos de la población altamente interesados en un tema en particular y con una alta intención de satisfacer sus necesidades.

Por ejemplo, un nicho rentable es el de la salud mental:

Dentro de este nicho de mercado encontramos el sub-nicho del "estrés".

Se puede crear un material digital y venderles esta información a estas personas.

Si, por ejemplo:

Creas un reporte digital y vendes una copia de $27usd todos los días.

En 30 días estuvieras generando una ganancia de $710usd solo con la venta de este reporte digital.

Ahora sigues promocionando ese reporte digital y en 3 meses tienes 90 clientes, probablemente si les ofreces un siguiente producto, por ejemplo, un Coaching Avanzado de $197 usd y solo el 20% de tus clientes accedieran a este nuevo recurso, tendrás una ganancia extra de $3546 usd.

Si eres un experto en un tema o te apasiona un hobby este modelo de negocios se puede volver más lucrativo para ti porque vas a disfrutar más en el proceso la creación de tu contenido virtual.

El potencial es ilimitado, todo depende de ti, de que tan rápido empieces la construcción de tu negocio de Info-Marketing.

Como Ganar Más Dinero Con Tu Negocio de Información

Un Negocio de Información simplemente es proveer soluciones a los problemas de otras personas en un formato adecuado: Audio, Video, Teleseminario, Reportes Digitales, Seminarios en Vivo, Programas de Coaching Grupales o Privados.

Como Creador de Producto.

1. **Crea una relación a largo plazo con tus afiliados y aliados estratégicos.** No solo te enfoques en que vendan tus cosas, si no en estrechar ese vínculo a lo largo del tiempo.
2. **Atractivas Comisiones.** Este concepto es muy probable que no lo hayas escuchado en el mercado hispano, se puede convertir en una catapulta de ingresos si lo aplicas en tu negocio de información. "El Trafico Fluye Hacia El Portal de Afiliados Que Paga Más". Ya sea que ofrezcas por lo menos el 50% de comisión a tus afiliados, 60, 70, 100% comisión.

Vas atraer más afiliados que van estar dispuestos a compartir su mensaje con su rebaño de clientes y prospectos.
3. **Trabajo Fácil:** Dale todas las herramientas de marketing al alcance, para que tus afiliados tengan un trabajo más fácil: Emails de seguimiento, Banners, Mensajes Para Redes Sociales, Videos y Artículos Para Publicar en un área de miembros especial.
4. **Crea Productos de Alto Valor y Precio:** No es lo mismo que un afiliado gane $20usd por comisión a que gane $500usd por comisión. Lo segundo le va a parecer más atractivo.
5. **Testea tu Marketing:** En la medida de lo posible haz micro-campañas de prueba para darle mayor certeza a tus afiliados cuanto va a convertir tu marketing y carta de ventas. Si por ejemplo ellos saben que por cada 100 prospectos que te envíen a su embudo de ventas van a ganar $500uds con gusto ellos te van a referir más tráfico.

Como Afiliado:

1. **Adquiere el Producto del Creador:** Ya sea que el creador del producto te lo proporcione si tienen una gran relación durante cierto tiempo o que lo adquieras por tu cuenta, tendrás una mayor credibilidad con tus suscriptores.
2. **Ofrece Bonos Complementarios:** No solo bonos de relleno, si no bonos que complementen su experiencia de compra. Puedes ir más allá de los afiliados comunes y ofrecer webinars en vivo con las personas que compran a través de tu link de afiliado:
3. **Cree en el Producto Que Recomiendas:** Si haces el paso 1 de tener el producto en tus manos y lo pruebas por ti mismo, tendrás una alta creencia que tus suscriptores y clientes lo van a sentir en tu promoción y por lo tanto vas a generar un mayor número de ventas.

4. **Webinars de Pre-Venta**: Si ofreces un webinar con tu lista de prospectos y clientes e invitas al creador del producto vas a generar más ventas por el simple hecho de resolver las dudas del programa y lograr esa interacción en vivo.
5. **Crea Un Enfoque de Ventas Único y Con Tu Estilo:** Por ejemplo, puedes enfocar tu campaña de afiliado en los beneficios únicos del producto, en la solución que provee el producto, en los testimonios.

Construyendo Un Imperio En Línea

¿Quieres construir un imperio en línea que te genere múltiples fuentes de ingresos?

¿Quieres tener un sistema probado que te ayude a obtener resultados?

¿Quieres evitar frustraciones, ahorrar tiempo, dinero y esfuerzo?

Ok, continúa leyendo...

Realmente estamos en una era de grandes oportunidades.

Te puedo decir que hoy por hoy, generar ingresos por internet es más sencillo que antes, debido a que contamos con tecnología potente que nos ayuda a impactar directamente con tus clientes potenciales.

Contamos con sistemas que automatizan nuestro mensaje y comunicación con nuestros clientes potenciales, pago por clic dirigido con Facebook, información especial, video-marketing, móvil, etc.

¿Por qué en una era de grandes oportunidades que en teoría es más sencillo generar múltiples fuentes de ingresos por internet, el panorama se complica al emprendedor o empresario que incursiona en el mundo digital?

1. **Sobre-Carga de Información.** Al ver tanta información, el panorama de opciones para el emprendedor se amplifica. Tener muchas opciones, provoca desenfoque, perder mucho tiempo en revisar información y confundirse en diversas estrategias. Lo admito eso a todos nos pasa, hasta el empresario más experimentado online, porque estamos en la era digital. Lo que me ha ayudado a crear proyectos rentables, que te puede servir a ti, es enfocarte en un proyecto a la vez hasta que generes resultados.
2. **Falta de Una Estrategia.** Se dice que el conocimiento es poder, aunque realmente es poder en potencia. Las ideas valen a centavos la docena, pero una idea en acción puede valer múltiples millones de dólares. Comienza creando una estrategia simple y tomando acción masiva hasta que se rentabilice tu proyecto.
3. **Falta de Un Equipo.** Son tantas las cosas que tienes que aprender para montar un negocio en internet, que te conviertes en víctima del "alumno eterno", sin pasar realmente a la acción. Créeme que tú no puedes solo ante este universo de opciones. Para ello puedes hacer 3 sencillas cosas. Delega, crea un equipo de mastermind sobre el cual se puedan apalancar en proyectos y en conocimiento o combina las 2 anteriores.

¿Cómo Puedo Empezar a Generar Múltiples Fuentes de Ingresos y No Abrumarme En El Proceso?

Primero elige el modelo de negocios sobre el cual vas a comenzar a trabajar, con el que te sientas más cómodo y construyas un estilo de vida en torno a ese modelo.

Un modelo si estas en la industria del conocimiento, seas marketer online, autor, conferencista, consultor, coach, social media mannager, entrenador deportivo, entrenador de mascotas, orador, es el del info-marketing.

Para ello es crucial que construyas una lista interesada en tu experticia y que te posiciones como experto ante tu audiencia.

El Modelo General en este caso: Tráfico, Lista, Conversión, Retención:

Tráfico: Estrategias para llevar gente a que visiten tu punto de entrada en el negocio de info-marketing que puede ser el blog o una página de captura.

Lista: Personas calificadas que entran a un embudo de ventas y que van a ser expuestas a múltiples ofertas durante el proceso.

Conversión: Gente que deposita su confianza en los productos digitales y se convierte en cliente.

Retención: Clientes que siguen comprando una y otra vez.

Sobre Las Múltiples Fuentes de Ingresos

-Producto de Entrada: Puede ser un ebook, audio o serie de videos de alto valor percibido, pero a bajo costo. Este producto ayuda a convertir fácilmente prospectos en clientes.

-Producto Estrella: El Producto principal que te va distinguir en el mercado como la autoridad y diferenciar enormente del resto de tu competencia. Sobre el producto estrella te puedes enfocar para crear lanzamientos y que más personas promuevan tu producto estrella.

-Productos Complementarios: Distintas ofertas de productos digitales que complementan a tu conocimiento.

-Mastermind Grupales: Son programas de consultoría grupales donde cobras más alto por tu conocimiento, ayudas a más personas y brindas tu conocimiento en vivo.

-Programas de Coaching Privados: Son la puerta de entrada a los ingresos acelerados y se ofrecen a la gente más comprometida, que tienen los recursos para invertir, dispuestos a tomar acción y tener una transformación rápida. Se ofrecen a un número muy reducido de personas.

-Sistema de Membresía: Un programa de membresía te ayude a obtener ingresos recurrentes y es el pilar sobre el cual se puede estructurar todo negocio digital, puede ser también tu producto de entrada.

-Ventas de Afiliado: Has construido tu reputación y confianza con tu lista de suscriptores, tienes la credibilidad. Por lo tanto puedes ofrecer info-productos o programas complementarios que ayuden a la persona a obtener resultados.

-Conferencias Presenciales: Las conferencias te ayuden a salir de tu zona de confort, exposición masiva, credibilidad e ingresos importantes por unas horas de tu tiempo, puedes contemplar una o 2 conferencias anuales dentro de tu estrategia. Si ya eres conferencista excelente, tendrás dominada esta fuente de ingresos.

Construyendo un Imperio Como Un Verdadero Experto.

El error que cometen muchos empresarios en línea y llamados "gurús" es que se enfocan en las ventas frontales y desaprovechan todo el poder de las ventas posteriores:

Ejemplo:

Un "gurú" o empresario en línea saca su nuevo producto digital y genera, por ejemplo.

30 ventas de un producto de $100 dólares. Ganancia = $3000 dólares.

Hasta ahí dejan morir su proceso de ventas y se enfocan en promover otros productos de terceros o propios, sin una estrategia clara y definida.

Si tienes múltiples fuentes de ingresos como un verdadero experto puedes ganar más dinero con menos clientes.

30 ventas x $100 dólares = $3000 dólares

10 repiten un programa de $250 dólares = $2500 dólares.

1 persona compra un programa de Coaching privado= $2500 dólares.

Ganancia Total Construyendo Un Verdadero Imperio En Línea

$8000 dólares en este ejemplo, aquí realmente el cielo es el límite.

El triple de ingresos con unos ajustes al modelo de negocio.

Capítulo 7. Como Generar Ganancias Con La Palabra Escrita

Voy a comenzar haciéndote unas sencillas preguntas que harán trabajar un poco tu cerebro, no es nada del otro mundo, simplemente relájate y enfoca tu total atención a la información que te muestro, para que puedas absorber todo el conocimiento:

¿Para ti qué es la publicidad?

Respuesta 1: ¿Es algo que consideras una obra de arte?

Respuesta 2: ¿Es saber escribir frases inteligentes y divertidas?

Respuesta 3: ¿Es una mezcla de psicología y ventas?

Podría ser cualquiera de las 3 respuestas anteriores porque implica un poco de todas, pero en esta ocasión quiero hacerlo lo más fácil y simple para ti.

Por ello, creo que esta definición la podrás captar de inmediato:
La publicidad escrita: "Es el arte de incrementar las ventas"

Claude Hopkins en su libro La Ciencia de la Publicidad menciona:

"Para comprender adecuadamente la publicidad o para entender sus orígenes, se debe comenzar teniendo muy claro el concepto.

La publicidad es el arte del vender, sus principios deben ser los del arte del vender".

"El único propósito de la publicidad es hacer ventas".

De acuerdo a lo que menciono Hopkins el esfuerzo final de una campaña publicitaria debe traducirse siempre en ventas. Muchas veces se confunde la publicidad con la imagen, pero eso no debe ser así, debe ser vista desde la óptica de ingresos.

Hay algunos factores que juegan un papel muy importante para lograr que el buen uso de la publicidad logre ser un elemento persuasivo en el público objetivo. Tales factores serán la diferencia entre obtener cuantiosas sumas de dinero o escasamente recuperar la inversión.

Ahora surge una interrogante en tu cabeza:

¿Cómo puedo empezar o dar mis primeros pasos?

Como todo en la vida, siempre hay que estar probando, en el caso de tus anuncios publicitarios te sugiero que midas la efectividad de tus campañas para que se vaya formando en tu mente el panorama sobre el cual vas a enfocar tu publicidad.

Por ejemplo, tienes un anuncio Tipo "A" y logras un 2% de respuesta y por otro lado con una Versión "B" obtienes un 3%, está claro que el B supera al A y por lo tanto es más eficaz.

Entonces para similares campañas debes preparar anuncios como el tipo "B" para incrementar tus probabilidades de éxito.

Ok hasta el momento todo bien, creo que no tienes duda por el momento que lo que tú necesitas es vender y obtener grandes resultados.

Como te dije probar es el primer paso, no se trata de probar al azar, ya que esto puede costarte muchos errores y dinero en el camino.

Nunca te aventures a probar sobre terrenos desconocidos en cuestión de negocios, ya que el dinero que tires lo reclamará tu bolsillo.

Es mejor comenzar desde pruebas científicas que hayan realizado otras personas, aprender de sus errores para que tu no los cometas. Es a lo que muchos denominan:

"Acortar la Curva de Aprendizaje".

Este reporte pretende que tú acortes esa curva de aprendizaje y obtengas mejores resultados, más rápido en menos tiempo en cuestión de la redacción de textos publicitarios que generen dinero.

Si las pruebas científicas han demostrado que escribir los textos para personas en particular convierte mejor que redactar a las masas, entonces está claro el supuesto de escribir para personas.

A eso yo le denomino actuar con el "sentido común", que por cierto muchas veces nos olvidamos de él y en materia de negocios no actúanos con ninguna lógica.

El conocimiento de las pruebas científicas te será muy útil porque te permitirá tomar mejores decisiones basadas en principios probados que funcionan exitosamente.

Hoy quiero compartirte 9 principios casi que milagrosos, con un alto grado de eficacia para que puedas incrementar tus ventas redactando anuncios vendedores.

A continuación, te describiré cuáles son esos 9 principios y cómo los puedes implementar para redactar anuncios vendedores a tus textos publicitarios.

Es recomendable siempre que adaptes estos principios a las necesidades particulares de tus prospectos y tomando en cuenta aquellos que te den mejores resultados. La mejor forma de medir resultados será a través del incremento de tus ingresos.

Recuerda siempre medir tus resultados, ya que lo que se mide es susceptible a mejorarse.

Así que en este momento voy a comenzar a explicarte los 9 principios que te ayudarán a redactar anuncios vendedores.

1. Enfócate En Las Necesidades De Tus Prospectos

Cuando un prospecto potencial puede ver tu anuncio, carta de ventas o folleto, lo primero que se preguntará desde el principio es:

¿Qué Ahí Aquí Para Mí?

Y si tu texto no le responde esta pregunta o le comunica algún beneficio que lo motive a seguir leyendo, definitivamente esta persona no seguirá leyendo y habrás perdido dinero en el camino.

Más importante aún que estamos en la era de la sobrecarga y bombardeo de información, que es de vital importancia seducir a tu prospecto en 3 segundos o menos para enganchar su atención.

Una gran cantidad de anunciantes cometen muchos errores, el principal es centrarse en ellos como empresa y no en las necesidades de sus clientes.

Por más atractivo que sea el producto o servicio que ofrezcas, gastes mucho dinero en el desarrollo de productos, si no sabes expresar los beneficios de tu negocio en los textos publicitarios, el dinero lo habrás tirado literalmente a la basura.

Prospecto que no se encuentre motivado o interesado en seguir leyendo la publicidad será cliente que muy posiblemente perderás.

Cuando escribas un anuncio te recomiendo que pienses como si le escribirías a un amigo tuyo que a su vez se adapta al perfil de tu cliente potencial. Piensa que le dirías a este amigo para convencerlo a probar tu producto, que posibles objeciones te haría, cuál es su situación actual y lo más importante en que lo podrías ayudar.

Contar historias es realmente poderoso, así es cómo funcionan los textos persuasivos, en los que estoy seguro dentro de pronto te harás experto.

El punto clave es pensar como tu prospecto y darle lo que él necesita y convencerlo que para darle aquello que necesita él te tendrá que dar una parte de su dinero.

Esto es solicitar un intercambio, realmente tú lo que vas a vender no es un producto sino más bien una solución a algún problema en particular.

Otra cosa que también debes tomar en cuenta es redactar en primera persona utilizando el pronombre "Yo" porque así es como se cuentan las historias partiendo de una experiencia personal.

Por ejemplo:

"Te Mostrare Fácilmente Como Redactar Anuncios Publicitarios Vendedores"

"Como Baje 8kg en 30 Días Comiendo Mis Comidas Favoritas"

"¿Quién Más Quiere Saber Cómo El Chef Santana Genero $5,000usd en 14 Días Con Una Simple Fórmula de Marketing?"

Recuerda centrarte en las necesidades de tus prospectos.

2. Resalta los beneficios de tu producto nunca las características

Las características son descripciones de lo que un producto posee ciertas cualidades o atributos.

- El vehículo XYZ ofrece 55 millas por galón.
- Nuestro marco de madera está hecho de una aleación de acero durable ligero.
- Nuestro pegamento está protegido por una patente.
- Este sistema de datos tiene protección anti-spam.

Los beneficios son lo que esas características significan para tus clientes potenciales.

- Usted puede ahorrar dinero en gasolina y reducir las sustancias contaminantes del medio ambiente al utilizar nuestro ahorro de energías de coches híbridos de alto rendimiento.
- Estructura ligera de acero de aleación duradera significa que será capaz de llevarlo con usted fácilmente a todos lados, al mismo tiempo que soporta 800 libras. No más dolores de espalda cargando alrededor de esa escalera pesada.
- Pegando protegido con patente asegura que usted puede utilizarlo en madera, plástico, metal, cerámica, vidrio y azulejos.
- Evite que sus correos se vayan al correo de no deseados y que siempre los pueda ver una y otra vez.

Estos son algunos ejemplos de lo que son características convertidas en beneficios.

La próxima vez que tengas pensado realizar un anuncio publicitario recuerda primero convertir las características en beneficios, para que tu prospecto se incline a comprar más fácilmente tu producto.

Los anuncios publicitarios no fueron diseñados con el propósito de impresionar a los maestros en el arte del buen escribir o la gramática, simplemente fungen con el propósito de vender, siempre toma en cuenta eso.

Por ejemplo, si tu intención es vender un reloj "Rolex" bastante fino, no le dirás a tu prospecto que la cara es de 2 pulgadas de diámetro y la banda está hecha de cuero.

Por el contrario, le venderás la idea que este reloj le aportará mucho prestigio y status social. Este reloj lo hará verse y sentirse espectacular.

Cuando comunicas los beneficios haces que el lector se sienta atraído por el mensaje que le estas comunicando, deseando profundamente adquirir la solución que le estas presentando. La estrategia consiste en demostrarle que tu estas aquí tan solo para ayudarlo y que no estás interesado en su dinero, sino que tu preocupación es su bienestar.

De esta forma lograrás ambas cosas, la satisfacción total de tus clientes y mucho pero mucho dinero de personas fanáticas de tu producto o servicio.

Siempre demuestra que tú eres la mejor opción, segura, confiable y de calidad. Gánate a través de la palabra escrita la confianza y el dinero de las personas.

Es un proceso que cuando queda bien cimentado en tu mente es más fácil que lo implementes al lanzar nuevos productos, la clave es empatía total para comunicar los beneficios.

¿Por qué insisto tanto en que comuniques los beneficios?

Por la sencilla razón que está demostrado que las ventas se hacen más emocionalmente que por lógica y si tú logras entrar en las emociones, es más fácil que penetres en sus bolsillos.

3. Incrementa El Deseo De Adquirirte

Antes de vender tienes que conocer los botones emocionales de tu cliente ideal que lo mueven a sacar su billetera.

Escucha primero esta historia, para que comprendas a detalle lo que te estoy diciendo:

"Erase una vez un hombre joven, entro a la sala de exhibición de Chevrolet para comprar un Chevy Camaro. Tenía el dinero, estaba listo para tomar una decisión de compra.

Pero lo detenía que en su mente no sabía si comprar ese carro o el Mustang de la competencia (Ford).

Un vendedor se le acercó y pronto intuyo el dilema del hombre. Le preguntó: "Dime que es lo que más te gusta del Camaro", El hombre le respondió: "Es un coche rápido, me gusta por su velocidad".

Siguiendo con esta historia, el vendedor se dio cuenta que el hombre se le quedo viendo a una bella edecán; ¿Qué hizo el vendedor?

Muy sencillo, cambio el giro de la conversación y le dijo al hombre acerca de cómo impresionara a su novia cuando llegue con ese hermoso carro. El hombre se empezó a imaginar la historia con su novia en un viaje que fuera a dar a la playa con su nuevo Camaro.

También se imaginó la envidia total de sus amigos al verlo montado en un hermoso coche con una novia preciosa.

El hombre vio este hecho muy fijo en su mente, lo logró visualizar, cuando paso este hecho, el vendedor muy hábil lo supo reconocer y lo hizo desear un poco más el lujoso Camaro. Sin darse cuenta el hombre firmó un gran cheque a la concesionaria Chevy, y el carro fue vendido.

¿Qué fue lo que paso en esta historia?

Que el vendedor supo detectar cuales eran los deseos más "calientes" de este hombre y entonces lo empujo a que él se diera cuenta que el Camaro valía mucho más que su dinero.

Hasta aquí todo bien, verdad. Recuerda que el hombre en un inicio le agradaba el carro porque era rápido, pero inconscientemente, lo que realmente deseaba era un coche para impresionar a su novia y a sus amigos.

Un excelente vendedor sabe que preguntas hacer par inferir las emociones de sus clientes, un buen vendedor no es aquel que habla mucho si no aquel que pone atención a los detalles del prospecto para saber en qué momento hablar e impulsar un deseo de compra.

Cuando escribas anuncios debes de anticiparte a las emociones, deseos, sensaciones y necesidades de tus clientes potenciales. Si nunca te has dado a la tarea de realizar este proceso, difícilmente una persona va a darte su dinero a cambio de tu producto.

Recuerda La Magia de Generar Dinero Con La Palabra Escrita.

Se ha dicho muchas veces a la gente no le gusta que le vendan, pero le encanta comprar y que dichas compras son basadas en primer lugar por emociones. Luego la gente justifica sus decisiones con la lógica.

Ahora vamos hablar un poco sobre la percepción de la publicidad escrita.

Los anunciantes prefieren realizar anuncios mucho más conservadores que no prometen píldoras mágicas ofreciendo la solución a todos los problemas porque se han dado cuenta que esto no tiene credibilidad y puede caer en la exageración.

Lo que sí es completamente válido es la utilización de testimonios para respaldar poderosamente tu publicidad.

4. Testimonios y Credibilidad

Cuando un prospecto ve tu publicidad escrita y tiene dudas en su mente, si esto que me estas ofreciendo es demasiado bueno para ser verdad, es muy probable que sea una venta perdida.

Por más beneficios y bondades de tu producto, la persona no te creerá a menos que le agregues un elemento de credibilidad.

Nada mejor que la inclusión de testimonios a tu publicidad para aumentar la credibilidad de tu propuesta de ventas. Debes asegurarte que los testimonios sean honestos y de clientes satisfechos contigo. La sinceridad del testimonio es un elemento clave.

¿Qué más puedes hacer con los testimonios?

- Incluir testimonios de clientes satisfechos. Asegúrate de poner nombres, apellidos, lugares, cómo se encontraban antes de tener tu producto, cuáles han sido sus resultados, porque deberían comprar.
- Captar testimonios en video ya que este elemento es claramente un elemento persuasivo e hipnótico.

- Comentarle a la persona que te va a dar un testimonio que sea muy específico y detallado en cuanto a lo que ha progresado hasta el momento.
- Si tienes una gran cantidad de testimonios convincentes y creíbles tus campañas publicitarias te van a producir mayores ganancias.
- Es muy recomendable citar fuentes de determinada información para aumentar la confianza de lo que estas planteando.

Otra cosa que puedes hacer para incrementar la credibilidad de tus anuncios publicitarios es que al final de la misma incluyas una foto y tu firma personal.

Muy importante también para resaltar la credibilidad es incluir, si el producto o la persona lograron algunos premios, diplomas, medallas o certificados.

También una frase impactante que puedes incluir, solo en el caso de que hayas vendido una gran cantidad de ejemplares es:

"Más de 10,000 personas no han podido estar equivocadas", esto le da un toque de pertenencia y la persona querrá comprobar por lo menos la efectividad del producto.

Algo vital en tu publicidad es la garantía de satisfacción y la política de devoluciones cumpliendo con tu palabra hasta el final.

Si por ejemplo tu garantía de satisfacción es la devolución de tu dinero en un plazo de 60 días, y un cliente te pide reembolso, lo más conveniente es que le regreses su dinero sin excusas ni pretextos.

No te preocupes por la gente que es reembolsadora compulsiva, en esta vida habrá de todo tipo de personas, recuerda que lo que a ti te interesa es forjar una relación de venta con personas fanáticas de tu negocio, que te aseguro estas nunca te reembolsarán y por el contrario estarán a la espera de comprar tus próximos productos.

Excelente sería si pudieras conseguir el testimonio de una persona famosa o celebridad y tomar este testimonio como el titular principal de tu anuncio tipo:

"Con El Licuado De Yogurt X, Shakira Mantiene Unas Candentes Caderas y Un Cuerpo Torneado"

O bien

"Latin Lover Asiste Al Gimnasio "Muscle Man" Donde Transformas Rápidamente Tu Flácido Cuerpo en Fuertes Músculos Para Impresionar A la Chicas en el Verano".

Estos son tan solo algunos de los ejemplos que puedes implementar con celebridades, es muy válido que te cuelgues un poco de esta fama, no hay nada malo en ello y te aseguro que a los famosos les agradará esta publicidad adicional que tú les brindes.

Puedes también inyectar un poco de miedo.

¿En qué consiste?

Primero que nada, está comprobado que la gente hace más para evitar el dolor que para obtener placer.

¿Por qué no utilizar este conocimiento a tu favor?

Por ejemplo, si descubres algún error en tu producto, esto puede aliviar un poco "el demasiado bueno para ser cierto".

Puedes revelar alguna falla que no necesariamente es algún defecto. O puedes hablar de un defecto de menor importancia.

Ejemplo: "Probablemente estés pensando en este momento que esta raqueta de tenis es un milagro para mejorar tu juego. Pero debo decir un poco de su deficiencia.

Mi raqueta toma 2 semanas para acostumbrarse. De hecho, al comenzar a utilizarla, tu juego puede empeorar. Pero si dejas pasar un tiempo, verás una enorme mejora en tu volea, juego y velocidad".

En la actualidad hay una gran tendencia de los anunciantes en bombardearte que su producto es el mejor que el de la competencia y hasta cierto punto esta estrategia es razonable.

Pero esta práctica no puede otorgarte credibilidad y diferenciación porque todos hacen lo mismo. Lo más aconsejable es hablar un poco de tus defectos y a continuación le presentes tus beneficios, de esta forma sonarás un poco más sincero.

Limitar ofertas a fechas específicas es una alternativa muy recomendable para incrementar las ventas en un periodo determinado.

Por ejemplo: "Por 48 horas Obtén un 70% de Descuento Por Matricularte Al Curso Básico Para Aprender A Tocar Guitarra"

Ojo, cumple lo que dices, si es para tal fecha que sea así, porque si no lo haces de esta manera pierdes credibilidad y tú público ya no te creerá cuando mencionas que esta oferta termina en tal fecha.

5. Propuesta Única de Ventas

La propuesta única de ventas es el elemento vital que te diferencia de tu competencia. Por ejemplo:

- El precio más bajo. Wal-Mart se ha hecho famosa con esta frase
- Calidad superior. Si superas la calidad de los productos de tu competidor o fabricas algo con mayor calidad, es una buena apuesta que podrías usar como una ventaja. Por ejemplo, los helados Dozen Hags están hechos con ingredientes más sanos y con una mayor calidad. En este caso se puede vender el helado un poco más caro dirigido a un mercado con un mayor poder adquisitivo.
- Servicio superior. Si ofreces un servicio superior que supere a tus competidores, la gente te comprará a ti. Esto aplica en el caso de servicios de larga distancia, proveedores de internet, televisión por cable.
- Derechos exclusivos. Si puedes afirmar legítimamente que tu producto está protegido por una patente o derechos de autor, entonces la gente te tiene que comprar a ti.

¿Pero qué pasa si el producto o servicio no es diferente al del competidor?

No hay problema, siempre habrá diferencias. El truco radica en convertir siempre ventajas positivas para ti. Una forma de presentar alguna diferencia es mencionar que "x" o "y" actividad tu eres el único en hacerlo de esta forma.

Otros ejemplos de propuesta única de ventas poderosas son los siguientes:

- Somos la tienda de reparación de automóviles únicos que compraremos tu coche si no estás satisfecho con nuestro trabajo.
- Te entregamos tu pizza en menos de 30 minutos, si no es así tú no pagas.
- Nuestra receta es tan secreta que tan solo 3 personas en el mundo la saben.

La clave para impactar con una propuesta única de ventas es conocer a tu prospecto. En algunos casos es fácil definir tu PUV sobre todo cuando tienes alguna patente, pero en otras ocasiones tendrás que hacer algún trabajo preliminar para descubrir exactamente qué es lo que atrae a tu mercado objetivo.

6. El Titular

Si quieres incrementar la tasa de respuesta en tu publicidad, la forma más rápida de hacerlo es haciendo cambios en el titular.

Esto debido a que las personas leen los titulares en fracción de segundos. Si el titular los cautiva estarán tentados a leer el siguiente párrafo de tu anuncio.

En resumen, un titular es un anuncio para tu anuncio.

Normalmente la gente en sus preocupaciones diarias no tiene tiempo de poner atención a todos los detalles, es por ello que para que se vean tentados a leer tu publicidad debes impactarlos con un buen titular.

Un buen titular debe contener novedades y algún beneficio.

Recuerda la última vez que hojeaste tu periódico, pasaste de hoja en hoja por una serie de artículos hasta que por fin capto tu atención alguna en particular, te detuviste un rato y te quedaste a leer el artículo completo.

Pues una técnica que da buenos resultados es que escribas en una hoja aquellos titulares que te causaron impacto y de ellos saques ideas para los tuyos, tan solo adaptándolos a tu propuesta de ventas.

Aquel titular que más te cautivo de seguro es el que te pareció más convincente de que valía la pena leerlo, aunque sea un par de minutos.

El título es tan poderoso e importante. He visto muchos anuncios en años que ni siquiera tienen un título. Eso es una locura, como pretenden así llamar la atención. Esto es el equivalente a tirar a la basura el dinero.

La respuesta puede aumentar dramáticamente por la adición de un título irresistible para tu mercado objetivo.

Por ejemplo: "Nuevos guantes de alta tecnología. Protegen al portador contra residuos peligrosos.

Para una persona tradicional este titular no causaría mayor gracia, pero para alguien que maneja residuos peligrosos, seguro que está información será una pequeña joya.

¿Cómo saber si un titular es bueno?

Revisa aquellos periódicos, revistas y publicaciones y selecciona aquellos que sean repetitivos, si por algo se muestran continuamente y pagan por ello es porque con eso han creado ventas.

El título debe crear sentido de urgencia y ser lo más específico posible, por ejemplo:

$1,000,274.23 en lugar de "un millón de dólares".

Asegúrate que el título tenga letras en negrita y grandes, con un tipo de letra diferente al que se va a utilizar para todo el texto.

Nunca copies un titular al pie de la letra, palabra por palabra, ya que puedes ser acusado por plagio por redactores famosos o agencias de publicidad.

7. Diseño De La Publicidad Escrita

Su diseño es muy importante porque tienta las emociones del público objetivo y es de muy buena visibilidad para los ojos.

Si ves una página con márgenes pequeños, sin sangrías, sin saltos en el texto, sin espacios en blanco, crees que con esto alguien este motivado a comprar.

Claro que no es probable de ninguna forma. Si cuentas con espacios amplios en blanco y márgenes generosos, frases cortas, subtítulos, palabras en cursiva o subrayados para dar un mayor énfasis, sin duda será una gran invitación para que nos lean.

La gente tomará la decisión en cuestión de 3 segundos entre leer y no seguir leyendo y si vale la pena invertir el tiempo en leer un artículo.

Los subtítulos son los titulares más pequeños dispersos a lo largo del texto. Un subtítulo fuerza tu perspectiva y empuje de seguir leyendo.

8. La Estructura De La AIDA

Hay una estructura bien conocida en el mundo de la mercadotecnia conocida como "AIDA" representa:

- Atención
- Interés
- Deseo
- Acción

Primero hay que captar la atención del cliente potencial. Esto se logra con el título. Luego crear interés para aumentar el deseo.

Por último, se presentará un llamado a la acción para que compre tu oferta ahora mismo.

9. Crea Un Sentido De Urgencia

Al limitar la oferta de un producto o servicio de alguna manera, la economía básica dicta que la demanda aumentará. En otras palabras, las personas generalmente responden mejor a una oferta, creen que la oferta está a punto de no estar disponible o restringido de alguna manera.

La escasez de venta es una muy buena forma de lograr ventas que en otra ocasión hubieran sido perdidas.

Hay 3 tips para lograr un sentido de urgencia.

- Limitar la cantidad
- Limitar el tiempo
- Limitar la oferta
-

En primer término, lo que limita la cantidad es un número disponible de ciertos ejemplares.
Un buen método para limitar la cantidad es:

"Número limitado de artículos"

Existe otro método llamado, límite de tiempo añadiendo un plazo a la oferta. Debe de ser un plazo realista, no uno que cambia todo el tiempo. Este enfoque funciona bien cuando la oferta o el precio va a cambiar, o el producto o servicio no estará disponibles después de la fecha límite.

El tercer método la limitación de la oferta, se lleva a cabo mediante la limitación de otras partes de la oferta tales como la garantía, las bonificaciones o primas, el precio, y así sucesivamente.

Por ejemplo, si vendes 500 platos para llevar, y al final vendes 501, no estás cumpliendo éticamente lo que propones y tu credibilidad cae hasta el piso.

Otra cosa importante que debes hacer es explicar la razón por la cual la oferta se limita, ejemplo.

"Recuerda debes actuar antes de la medianoche para conseguir acceso total a mis próximos 2 bonos de regalo que completan perfectamente la compra de mi nuevo libro: La Magia de Internet".

A continuación, te brindo un REGALO que personalmente me ha costado mucho tiempo, dinero y esfuerzo recopilar.

Son los Botones Emocionales que ayudan a las personas a tomar decisiones de compra.

Usa este poder sabiamente para tu beneficio y respalda tu publicidad y comunicaciones con productos de muy buena calidad.

Si haces eso tendrás clientes que te compren una y otra vez tus productos digitales, productos físicos y/o servicios

La gente quiere TENER:

1. Salud
2. Dinero
3. Popularidad
4. Mejor apariencia
5. Seguridad en la vejez
6. Reconocimiento
7. Confort
8. Tiempo libre
9. Más gozo
10. Auto confianza
11. Prestigio personal
12. Paz mental y espiritual

Quieren SER o ESTAR:

1. Buenos padres
2. Sociables, hospitalarios
3. Estar al día

4. Creativos
5. Orgullosos de sus posesiones
6. Tener influencia sobre otros
7. Eficientes
8. Los primeros en algo
9. Reconocidos como autoridades

Quieren HACER:

1. Expresar sus personalidades
2. Resistir ser dominados por otros
3. Satisfacer su curiosidad
4. Emular lo admirable
5. Apreciar lo bello
6. Adquirir o coleccionar cosas
7. Ganar el afecto de otros
8. Lograr metas
9. Mejorarse en general
10. Avanzar en los negocios
11. Avanzar socialmente

Quieren AHORRAR:

1. Tiempo
2. Dinero
3. Trabajo
4. Incomodidad
5. Preocupaciones
6. Dudas
7. Riesgos
8. Vergüenza personal/humillaciones

Sobre El Autor

Pablo Delgadillo Autoridad Internacional en Marketing Digital.

Lic. En Administración de Empresas con especialidad en Inteligencia Comercial.

Autor, Conferencista y Consultor.

Mejor conocido también como el **Caza-Talentos de los Negocios.**

Su mayor pasión es compartir contenido práctico y agradable que se transforma en dinero en tiempo récord a tu bolsillo. Odia las promesas exageradas y la teoría aburrida o que no funciona.

Autor Best-Seller en AMAZON de los Libros:

"La Magia de Internet Para Multiplicar Tus Ingresos"
"Más Fama, Dinero y Amistades De Por Vida"

Ha dictado a la fecha más de 200 conferencias digitales y presenciales en temas relacionados al marketing digital.

Cuenta con diversos materiales digitales de estudio en casa sobre el marketing digital, las alianzas estratégicas y la publicidad escrita.

También ha participado en varios lanzamientos del mercado hispano que han generado en pocos días múltiples cinco o seis cifras en ingresos americanos.

Por su especialidad en marketing de información ha creado productos digitales y asesorado a centenares de empresarios digitales, expertos y profesionales independientes en los siguientes nichos de mercado:

Estrés, mal aliento, recetas de cocina, supervivencia, yoga, vegetarianismo, seducción, desarrollo personal, multinivel, espiritualidad, música, bioestadística, decoración, pnl, medicina natural, manejo de emociones en familias, herpes, maquillaje, matemáticas, entre otras...

Su mayor talento es transformar tu conocimiento en un imperio digital que te genere dinero, tranquilidad y una sonrisa agradable para ti y tu familia.

Su misión principal es ser una fuente de luz e inspiración en tu vida.

www.ingramcontent.com/pod-product-compliance
Lightning Source LLC
Chambersburg PA
CBHW051809170526
45167CB00005B/1942